ALASKA

BILDER UND TEXTE VON
DORIS UND HUBERT NEUBAUER

Erste Seite:
Die Eisschollen stammen von dem Columbia Glacier, einem der größten und beeindruckendsten Gezeitengletscher am Prince William Sound.

Seite 2/3:
Fünfsternehotel im Happy Camp. Wohl verdiente Rast nach der Überschreitung des Chilkoot Passes.

Seite 4/5:
Alaskas Natur erleben. Wildnis pur auch am Straßenrand. »Highway Schönheit« Richtung Seward.

INHALT

90
UNBERÜHRTE WILDNIS
– DER HOHE NORDEN

Seite 8/9:
Wenn es Abend wird, halten wir Ausschau nach großen Schotterbänken, um unser Nachtlager aufzuschlagen. Treibholz für das Lagerfeuer ist stets ein Kriterium dafür.

Alaska – das Land der Superlative

Alaska ist über 1,5 Millionen Quadratkilometer groß, umgeben von der Beaufort-, Tschuktschen- und Beringsee sowie dem Pazifischen Ozean, die schon ihren Entdeckern trotzten. 2300 Kilometer von Nord nach Süd und 3800 Kilometer von Ost nach West beträgt die Ausdehnung, die bis heute der Abenteuerlust und dem Unternehmensgeist Grenzen setzt. In der Beringsee trennen nur vier Kilometer das amerikanische Little Diomede vom sowjetrussischen Big Diomede Island. Zusammen mit dem im Osten angrenzenden kanadischen Yukon Territory bildet die grandiose Landschaft Alaskas eines der größten zusammenhängenden Naturgebiete der Erde. Der Denali (Mount McKinley) ist der höchste Berg Nordamerikas, Point Barrow der nördlichste Punkt der USA und Cape Prince of Wales das westlichste Ende des Kontinents. Vorerst ist Alaska nur ein Land der Superlative. Erst bei näherer Betrachtung erkennt man: Alaska ist ein Gemütszustand, eine bestimmte Lebensauffassung und erst dann eine Landmasse.

Schon beim Anblick der ausgedehnten Eisfelder der Wrangell und Saint Elias Mountains, derer wir beim Anflug auf Anchorage gewahr werden, wird uns bewusst, dass es aller Sinne bedarf, um dieses Alyeska (großes Land), wie es die Aleuten nannten, erfassen zu können. Dabei sind es nicht nur die höchsten Berge Nordamerikas, riesige Gletscher, heiße Quellen, endlose Wälder und Tundren, Millionen Seen, tausende Flüsse, unzählige Inseln und viele tausend Kilometer Küstenlinie, die uns faszinieren. Es sind,

Flüsse, die Straßen des hohen Nordens, sind oft die einzige Möglichkeit voranzukommen. Das Faltkajak ist zum Kanu eine gute Alternative, um sich mehrere Wochen unabhängig in der Wildnis aufzuhalten.

wie es Robert Service, der Dichter des Nordlandes, ausdrückte, »die Frische, die Freiheit, die Weite und die Ruhe«, die uns mit Frieden erfüllen.

Vielleicht gerade, weil Alaska auch ein Land der Gegensätze ist. Zerklüftete Bergketten über weiten Ebenen, Vulkane, heiße Asche spuckend, die wie Inseln aus dem Gletschermeer herausragen, dichte Wälder, die in baumlose Tundra übergehen. Extrem kalte Winter, kalte Sommer und nur 15 Millimeter Niederschlag im arktischen Norden stehen gegen kühle Sommer und milde Winter im Südosten bei Niederschlägen bis zu fünf Metern. In Fairbanks in Zentralalaska erlebt man drei, vier Monate Winter mit ebenso tiefen Temperaturen wie in Barrow, die Sommer hingegen können manchmal mit Hitzegraden aufwarten, sodass man sogar gerne den Schatten aufsucht.

Der Tierreichtum ist überwältigend. In der Bristol Bay säumen tonnenschwere Walrosse kilometerlange Strände, Seevögel versuchen in den Felsklippen einen Nistplatz zu ergattern, in der Glacier Bay tauchen riesige Buckelwale wenige Meter neben Schiff und Kajak auf, selbst im Turnagain Arm vor Anchorage kann man Belugawale beobachten. Lachse füllen die zahllosen Gebirgsbäche und -seen. Nördlich der Brooks Range kann man Herden mit bis zu 100 000 Karibus vorbeiziehen sehen. Die Hälfte aller Braunbären Nordamerikas lebt hier. Und dann sind da noch die Schwarz- und Eisbären, die Wölfe, die Elche, die Dallschafe, die Schneeziegen, die Moschusochsen, Biber, Stachelschweine und die Weißkopfseeadler. Wenn dies leicht den Eindruck eines Zoos erweckt, sollte man sich die Größe des Landes in Erinnerung rufen. Schnell wird uns bewusst, wie viel Glück man haben muss, um in dieser grandiosen Wildnis überhaupt ein Tiererlebnis zu haben. Wem das zu unsicher ist, dem sei der Denali National Park empfohlen.

Hier kann man Bären gefahrlos und ohne Stress beobachten. Der Denali National Park ist ein Muss für jeden Alaska-Besucher.

DENALI NATIONAL PARK

Der Denali National Park ist über den Parks Highway zu erreichen und liegt etwa im zweiten Drittel der Strecke Anchorage–Fairbanks. Wir wollen jedoch Genuss pur und das von der ersten Minute an, deshalb haben wir uns eine Zugkarte gekauft für die Alaska Railroad mit ihren schmucken blau-gelben Wagen. Die Panorama-Waggons bieten einen Rundumblick und so ist keiner benachteiligt, wenn Schaffner Steve brüllt: »Moose to the left!« (Elch links!)

Für eine zweite Tour fahren wir mit im Camperbus. Seit wir ausgestiegen sind regnet es in Strömen. Wasserdicht in unsere Regenbekleidung verpackt, zwängen wir uns durch meterhohe Weidenbüsche, um in Unit 36, die auf unserem Back Country Permit eingetragen ist, zu gelangen. Für drei Nächte haben wir die Erlaubnis, hier im Hinterland des Denali National Parks, zuerst im Abschnitt 36 und dann in Nummer 15, zu campieren. Das hügelige Gelände führt uns in alpine Tundra, die von kleinen Seen durchsetzt ist. Blaue Gebirgsglockenblumen und weiße Polsterstauden ducken sich in den Senken.

Erst als wir unser Zelt aufgebaut haben und zu Abend essen, scheint der Wettergott doch ein wenig Gnade mit uns zu haben. Als dann noch einige Sonnenstrahlen hinter tief hängenden Wolken hervorblitzen, just in dem Moment, als sich ein Karibubulle mit riesigem Geweih über die Hangkuppe schiebt, sind wir glücklich. Nur wenige Minuten ist die Landschaft in das faszinierende Licht des Nordens gehüllt, ein

Dallschafe leben in Höhenlagen oberhalb von 1500 Metern. Einer ihrer Lieblingsplätze sind die Hänge um den Eingang zum Denali National Park.

Anblick, der uns jedoch ein Leben lang in Erinnerung bleibt.

Am Morgen herrscht eine eigenartige Nebelstimmung. Unsere Stiefel lösen sich schmatzend aus den vollgesogenen Moospolstern. Der Steilhang, den wir zu überwinden haben, um in unser neues Gebiet zu gelangen, treibt uns den Schweiß auf die Stirn. Doch die Chance, in dem Hochtal Elchen zu begegnen, lässt uns jegliche Anstrengung vergessen. Immer wieder suchen wir die Runde ab – doch beinahe hätten wir sie übersehen, zwei mächtige Schatten dicht nebeneinander. Erst als sie sich aus dem hohen Gebüsch lösen, können wir ihre imposanten Schaufeln ganz sehen. Kauend stelzen sie von Busch zu Busch, knabbern hier an zarten Ästen, schnappen dort mit ihren ulkigen Mäu-

lern nach einer Knospe. Hubert schleicht mit seiner Kamera näher. Noch lassen sie sich nicht stören, sind aber wachsam und beäugen uns aus den Augenwinkeln.

Hubert bewegt sich immer näher an die beiden heran. Langsam, aber sicher suchen sie Schutz in dem höher werdenden Weidendickicht. Erstaunlich, zwei, drei Büsche liegen zwischen den Elchen und uns, und sie scheinen wie vom Erdboden verschluckt. Es ist ganz still. Hubert löst die Kamera aus, nicht nur mir erscheint dies sehr laut, auch die Elche sind nicht erfreut. Ein Rascheln, plötzlich ein Knurren im Busch, noch einmal ein Knacken von Ästen. Es ist schaurig, wir können nicht sagen, wie weit weg sie sind, ob vielleicht einer auf unserer Seite aus dem Gebüsch brechen wird?

Unser Camp schlagen wir mit Blick auf den Mount McKinley auf. Wie so oft zeigt er uns seine Flanken bis zum oberen Drittel, doch seinen Gipfel versteckt er in den Wolken. Denali, der Große, so nennen die Athabasken-Indianer die-

Nicht Alf, der Außerirdische, sondern Alf, das Stachelschwein. Des Öfteren besuchte er uns beim Blockhaus.

sen 6194 Meter hohen Gipfel der Alaska Range. 1913 erstbestiegen ist der Berg wegen der tiefen Temperaturen von bis zu minus 30°C, den orkanartig auftretenden Stürmen und seiner nördlichen Lage, die sich auf den Sauerstoffpartialdruck auswirkt und damit einer Höhe von 6800 Metern entspricht, berühmt-berüchtigt bei den Bergsteigern. Groß und mächtig ist auch das Land um ihn herum, das wird uns bewusst, selbst wenn wir nicht auf seinem Gipfel stehen.

Der Abstieg am nächsten Tag zum Wonder Lake bringt noch einigen Nervenkitzel mit sich. Der Trail, den wir gewählt haben, führt uns anfangs an vielen namenlosen Seen vorbei. In einem wohnt ein Biber, der uns mit dem Aufklatschen seines Schwanzes gewaltig erschreckt, noch bevor wir ihn zu Gesicht bekommen. Doch dann führt der Trail in die Büsche, die immer mehr an Höhe zunehmen. Der Weg, der wie es scheint wirklich nur ein Wildtierpfad ist, wird

Blaues Eis beeindruckt im Worthington Glacier Park am Richardson Highway nahe Valdez.

immer schmäler und uns in der Magengegend immer mulmiger. Sollte ein Bär denselben Weg wählen, hätte keiner von uns dreien eine Ausweichmöglichkeit. So unterhalten wir uns lautstark, um auf uns aufmerksam zu machen und nicht vielleicht Meister Petz bei seinem Mittagsschläfchen zu überraschen.

Viel lieber wäre es uns, die Bärenbeobachtungen vom Bus aus, der uns wieder am Visitor Center absetzen wird, zu machen. Und manches Mal gehen Wünsche in Erfüllung. Auf der Fahrt sehen wir dann neben einigen Karibus und weiteren Elchen sage und schreibe zehn Bären. Zwei mal drei Braunbären beim Blaubeerpflücken, eine Grizzlymutter mit zwei Jungen und noch einen einzelnen Schwarzbären. Zu guter Letzt überquert ein Wolf die Straße und auf den Felsen beim Parkeingang entpuppen sich die weißen Punkte als Dallschafe. Doch ein Zoo? Nein, das Phänomen des Denali Parks ist leicht erklärt. Alle charakteristischen Landschaftsformen Alaskas sind hier vorhanden: weites offenes Land, mächtige Gebirgszüge, buschige Taiga, öde Tundra und lang gestreckte Gletscher und somit die unterschiedlichsten Lebensräume für viele verschiedene Wildtiere.

DIE MENSCHEN ALASKAS

Ist Alaska auch das Land der Tiere, so hat es die Menschen schon immer fasziniert. Etwa 600 000 Einwohner gibt es, davon lebt mehr als die Hälfte in den Großräumen Anchorage und Fairbanks. »Dicht« besiedelt ist der Süden, je weiter man nach Norden kommt, desto menschenleerer werden die Gebiete. Nur verein-

zelte Siedlungen liegen weit verstreut und sind nur aus der Luft erreichbar oder im Winter mit einem Hundeteam. Die meisten Dörfer finden sich an den Flüssen. Ein verschwindend kleiner Teil ist heute noch bereit, das raue Leben in der Wildnis auf sich zu nehmen.

Selten finden wir die Ureinwohner so vor, wie wir sie uns vorstellen. Sie leben weder in Iglus, noch kleiden sie sich ausschließlich in Tierhäute und ihre Ehefrauen teilen sie schon gar nicht untereinander. Abgesehen von den Vorfahren einzelner Gruppen entsprachen sie sowieso nie diesem Bild. Wer also sind die Ureinwohner Alaskas?

Sie sind Fischer in Homer, Angestellte des Gesundheitswesens in Barrow, Fremdenführer in Sitka. Da ist der alte Mann, der in einer windschiefen Hütte aus Pressspanplatten haust und sich mit Schnitzereien über Wasser zu halten versucht, oder die Führungskraft einer Ölgesellschaft in Nome. Der Begriff »Ureinwohner«

ist eine bequeme, aber irreführende Bezeichnung für eine Vielzahl von Volksgruppen. Ihre gemeinsame Geschichte ist jedoch die Verbindung der unterschiedlichen Stämme.

Alaskas Urgeschichte beginnt vor etwa 40 000 Jahren, als es noch mit Sibirien über eine riesige Landbrücke verbunden war, über die Tiere und auf deren Spuren Menschen in den neuen Lebensraum wanderten. In den Zwischeneiszeiten vor 25 000 bis 10 000 Jahren folgten weitere Völker nach. Über die Jahrtausende entwickelten sich unterschiedliche Kulturkreise, die heute in drei Hauptgruppen zusammengefasst werden.

Zu den Eskimos zählen die Angehörigen der Inupiat-Sprache im Norden und die Yupik im Südwesten. Die Aleuten leben auf der gleichnamigen Inselkette und an der Golfküste von Alaska. Die dritte Gruppe umfasst die Athabasken im Landesinneren und die Tlingit- und Haida-Indianer im Südosten des Landes. Wenn sie auf-

Ausgangspunkt für Wanderungen über das Harding Icefield ist Seward. Nach einem anstrengenden drei- bis vierstündigen Aufstieg erreichen wir den Rand des ewigen Eises.

Das klare Wasser der Mündung des Forty Mile River, eines Nebenflusses des Yukon lädt zum Schwimmvergnügen bei Wassertemperaturen um die 10°C ein.

grund ihrer Besiedlungsgebiete auch andere Jagdmethoden und -geräte hatten, so war ihnen allen eines gemein: Sie lebten mit der Natur im Einklang. Man war überzeugt, dass sich ein Tier freiwillig fangen ließ, um die Bedürfnisse der Menschen zu befriedigen und es wurde dafür hoch geachtet. Die meisten glaubten an die Wiedergeburt und verehrten die Geister ihrer Beutetiere. Der Kampf gegen Hunger und Kälte, vor allem während der langen Winterzeit, gehörte zu ihrem Leben wie die Herstellung von Booten und Netzen, Kleidung und Haushaltsgegenständen.

Die Eskimos sind heute noch für ihre Elfenbeinschnitzkunst bekannt, während die Aleuten besondere Fertigkeiten im Korbflechten haben. Handelsbeziehungen mit den Weißen brachten den Athabasken Glasperlen, und so kultivierten die Frauen die Perlenstickerei. Die Tlingit und Haida sind wiederum sehr geschickt in Webarbeiten und, da jeder Klan sein eigenes Totemtier hat, in der Holzschnitzerei.

Die Ureinwohner trieben über das ganze Gebiet zwischen Sibirien, der Beringstraße und der pazifischen Nordwestküste mit den dort lebenden Völkern Handel. Dadurch unterlagen sie ständig neuen kulturellen Einflüssen. Sie lernten neue Verarbeitungstechniken und neue Nahrungsmittel kennen. Der Kontakt mit den Europäern und Amerikanern hatte jedoch ganz andere Auswirkungen.

RUSSISCH-AMERIKA

Vitus Bering, der im Namen des russischen Zaren Peter des Großen mit der geografischen Erforschung der Nordwestküste Nordamerikas und Ostsibiriens beauftragt war, erblickte am 20. Juli 1741 den Mount St. Elias, Nordamerikas dritthöchsten Berg, und entdeckte die Alaska-Halbinsel entlangsegelnd weitere Inseln, die Aleuten. Seine Expedition war insofern erfolgreich, da er das erste Mal Nachricht vom unglaublichen Tierreichtum Alaskas und den Inseln in der Beringsee – wie man den Meeresabschnitt zwischen Sibirien und Alaska fortan bezeichnete – in die Alte Welt brachte.

Angezogen von der Aussicht auf das schnelle Geld zogen russische Pelzhändler in das neue Land und verjagten die Bewohner der Aleuten oder zwangen sie in ihre Dienste. Die schier unerschöpfliche Zahl der Beutetiere war so hoch, dass man nun selbst am Zarenhof Interesse an dem fernen Land bekundete. Ivanovich Schelekof, der schon auf Kodiak eine Handelsniederlassung gegründet hatte, bekam 1786 von Zarin Katharina II. umfangreiche Handelsprivilegien zugesprochen. Nach seinem Tod wurde diese Handelsgesellschaft in Russisch-Amerikanische Handelsgesellschaft umbenannt und machte unter dem ersten Gouverneur Alexander Baranof ihren Herrschaftsanspruch auf ganz Alaska geltend. Er erweiterte die Macht der Gesellschaft, deren Sitz er nach Sitka verlegte. Die beiden anderen Großmächte, Spanien, dessen Einzugsgebiet sich auf Mexiko und das Gebiet der heutigen USA beschränkte, und England, verkörpert durch die allmächtige Hudson's Bay Company und sehr wohl am Handel mit den Indianern im Landesinneren interessiert, betrachteten diese russische Machterweiterung mit Argwohn.

Jahrzehntelang brachten die Pelze und der Handel mit den Indianern reiche Gewinne. Je mehr jedoch der Tierbestand zurückging, desto gnadenloser wurde die Jagd. Der Seeotter und die Pelzrobben galten schon Mitte des 18. Jahrhunderts als fast ausgerottet und Russisch-Amerika brachte kaum mehr Profite im Vergleich zu den hohen Versorgungskosten.

SEWARD'S ICEBOX

Die Engländer, die nun Kanada beherrschten, zeigten Interesse, doch kamen sie als Käufer nicht in Frage aufgrund des Feindstatus im gerade beendeten Krimkrieg. Die USA, die sich gerade gegen die Engländer die Unabhängigkeit erstritten hatte, war da schon eher ein Verhandlungspartner. So wurde am 30. März 1867 zwischen Baron Stöckl auf russischer Seite und dem amerikanischen Staatssekretär William H. Seward ein Vertrag geschlossen und Alaska wechselte für 7,2 Millionen Dollar seinen Besitzer. Sewards ganze Überzeugungskraft und angeblich ein Schmiergeld von 200 000 Dollar

Das Licht des Nordens bringt immer wieder neue Bilder der Natur hervor.

waren notwendig für die Zustimmung von Senat und Repräsentantenhaus. Kaum einer der Volksvertreter konnte sich mit dem Gedanken anfreunden, dieses wertlose Stück Land irgendwo im Norden für 4,7 Dollar pro Quadratkilometer zu erwerben. Am 18. Oktober 1867 erfolgte dann die offizielle Übergabe und »Seward's Icebox« – Sewards Gefriertruhe, wie Alaska scherzhaft genannt wurde, wurde ein Teil der USA.

Die Hudson's Bay Company musste ihren Handelsposten bei Fort Yukon aufgeben und sich hinter die kanadische Grenze zurückziehen. 1870 erwarb die unabhängige kanadische Regierung deren Rechte und Landbesitzungen. Doch sie zeigte ebenso wenig Interesse an diesem weit entlegenen Gebiet wie die amerikanische. Gegen Ende des 19. Jahrhunderts sollte sich dies schlagartig ändern.

GOLDRAUSCH

Bis zur Mitte des 19. Jahrhunderts hatten sich nur wenige Abenteurer in die unerforschte Wildnis der nordischen Wälder gewagt. Als die ersten Goldfunde in Kalifornien 1848 tausenden über Nacht Reichtum bescherten, zogen immer mehr Glücksritter in den Norden. Es war nur eine Frage der Zeit, wann der große Fund gemacht werden würde. 1872 fand man Gold in Cassiar, 1880 in Juneau, 1886 in Fort Mile und 1893 in Circle am Yukon. Schließlich kam jener 17. August 1896 mit dem Fund am Klondike River, der einen unglaublichen Goldrausch auslöste.

Anfang des 20. Jahrhunderts waren überall in Alaska Goldgräberlager und Handelsposten entstanden, nun kam mit Polizei, Armeestützpunkten, Post- und Telegrafenämtern auch die

Staatsgewalt in den Norden. An der Küste entwickelte sich Fischerei-Industrie, später Holzwirtschaft. Ab 1906 war Alaska mit einem Delegierten im Kongress vertreten, der jedoch kein Stimmrecht hatte. Die amerikanische Wirtschaft entwickelte immer mehr Interesse an den reichen Bodenschätzen, und große Kupfervorkommen am Copper River brachten trotz der hohen Transportkosten einträgliche Gewinne. Doch das Geld wurde nicht wieder in Alaska investiert und brachte so weder Wirtschaftswachstum noch eine Verbesserung der Infrastruktur.

Im Zweiten Weltkrieg

Ein entscheidender Schritt in die Zukunft begann 1915 mit dem Bau der Alaska Railroad. Im Matanuskatal, nördlich von Anchorage, siedelten sich die ersten Farmer an. Das Militär begann die strategische Bedeutung Alaskas zu erkennen, 1940 entstanden bei Anchorage zwei Stützpunkte. Anfang des Zweiten Weltkrieges waren hier und auf den Aleuten nur wenige Truppen stationiert. Umso größer war der Schock, als 1942 die Marinebasis Dutsch Harbor und zwei weitere Inseln der Aleuten von japanischen Kampfverbänden bombardiert wurden. Jetzt hatte Alaska Amerikas volle Aufmerksamkeit.

Weitere Übergriffe der Japaner wurden befürchtet und so rüstete Amerika mit allen Mitteln für die Verteidigung Alaskas. Mit einem Kostenaufwand von 140 Millionen Dollar wurde noch im selben Jahr der Alaska Highway von

Homer Spit, die vorgelagerte Sandbank von Homer ist Ausgangspunkt für viele lohnende Ziele in der Katchemakbay.

Eigentlich würde man so etwas in Alaska nicht erwarten: Blütenpracht in einem Garten.

SCHWARZES GOLD

Mitte der fünfziger Jahre wurde die Suche nach Erdöl im Cook Inlet verstärkt und 1957 wurde vor Kenai Öl entdeckt. Der Ruf nach Eigenständigkeit wurde nun immer lauter und die Bevölkerung forderte ein Mitspracherecht bei der Ausbeutung der Bodenschätze und die Beteiligung am Gewinn. In Washington hatte man ein offenes Ohr und Alaska wurde unter Präsident Dwight D. Eisenhower am 3. Januar 1959 der 49. Bundesstaat der Vereinigten Staaten von Amerika.

Die größten Erwartungen des jungen Staates wurden noch übertroffen, denn die Einnahmen aus dem Ölgeschäft waren ein Garant für die wirtschaftliche Entwicklung. Doch dann kam der Karfreitag des Jahres 1964. Alaska war wieder einmal das Land der Superlative, doch dies-

Dawson nach Fairbanks fertig gestellt. Und durch ein Gebiet, das noch kurz zuvor nur von einzelnen Abenteurern durchstreift wurde, rollte plötzlich der Nachschub. Ein Jahr nach dem Angriff war die militärische Präsenz in Alaska auf 250 000 Mann verstärkt worden. In einer furchtbaren Schlacht eroberten 16 000 US-Soldaten die Aleuteninsel Attu zurück. Nach dieser Niederlage räumten 6000 Japaner unbemerkt ihre Stellungen. So war der Krieg zu Ende, noch bevor er sich auf das Festland ausweiten konnte. Das Militär blieb in Alaska, da es schon bald zu Differenzen mit dem ehemals russischen Verbündeten in Sibirien kam. Viele der Soldaten blieben nach ihrem Dienstende im Norden und über den Alaska Highway kamen 1948 die ersten Touristen nach Alaska.

mal im negativen Sinn. Das stärkste jemals in Nordamerika gemessene Erdbeben mit einem Spitzenwert von 9,2 auf der Richter-Skala zerstörte nicht nur viele Städte, sondern forderte auch 131 Menschenleben. Kurz darauf brach über die Küstenstädte um den Prince William Sound und Kodiak Island ein Tsunami herein. Trotz Zerstörung sämtlicher Uferbebauungen war die Entwicklung nicht mehr aufzuhalten, als man 1968 in der Prudhoe Bay am Arktischen Ozean auf die größten Öllager der Nation stieß.

In den letzten Jahrzehnten hat sich ein neuer Wirtschaftszweig immer mehr ausgeweitet, dieses Mal geht es nicht um schwarzes und nicht um richtiges Gold. Trotzdem ist es wertvoll wie Gold – vielleicht kann man es sogar als »Grünes Gold« bezeichnen – was die Menschen im Norden zu finden suchen: unberührte Wildnis, intakte Natur, das letzte große Abenteuer. Wer Abenteuer in gemäßigter Form erleben und die Annehmlichkeiten der Zivilisation nicht missen möchte, ist im Süden und Südosten Alaskas und entlang des Straßennetzes gut aufgehoben. Mutigere können sich mittels Buschflugzeugen in den Südwesten, der größtenteils vulkanischen Ursprungs ist, oder ins Delta des Yukon oder Kuskokwim vorwagen. Wen jedoch unberührte Weite, menschenleere Tundra und grenzenlose Wälder locken und wem harsche Wetterbedingungen nichts ausmachen, der sollte bis an seine Grenzen und in den hohen Norden gehen. Wie einst die Pioniere und Abenteurer, die Pelzhändler und Goldgräber, die Stampeder und Pipelinearbeiter folgen die Menschen wiederum dem seit 1967 offiziellen Motto Alaskas »North to the Future«.

Seite 22/23:
Viele Tage fuhren wir durch das Land der Yupik-Eskimos im Südwesten. Eine weite Landschaft am Kuskokwim, dem zweitgrößten Fluss Alaskas.

Seite 24/25:
Immer wieder zieht es uns hoch hinauf, der Blick schweift in die Ferne. Erst so können wir die Weite Alaskas tatsächlich erfassen.

Cloudberry – Sommergold auf den feuchten Tundrawiesen. Wegen ihrer orangen Farbe werden sie auch Salmonberry genannt.

STRASSEN, STÄDTE, SEHENSWÜRDIGKEITEN – DER SÜDEN

Alaska lässt sich in natürliche Großräume unterteilen. Davon bilden Südost-Alaska, Südzentral-Alaska, die Alaska-Halbinsel und die Aleuten sowie ein Teil der Küste an der Beringsee den Süden.

In Südzentral-Alaska mit dem Großraum Anchorage, den Städten Seward und Valdez sowie der Kenai-Halbinsel findet man mit Ausnahme der Highways nach Fairbanks mehr oder weniger das gesamte Straßennetz Alaskas. Hier ist das Hauptsiedlungsgebiet des Staates. Nördlich von Anchorage im Matanuska Valley wird wegen des günstigen Klimas Gemüse angebaut und Milchwirtschaft betrieben. Auf Kodiak Island ist der größte aller Braunbären, der Kodiakbär zu Hause. Er wiegt bis zu 550 Kilogramm und kann 2,8 Meter hoch werden.

Southeast, auch »Panhandle« – »Pfannenstiel« Alaskas genannt, ist nur von der Luft aus oder mit der Fähre erreichbar. Wie in den Städten entlang der Beringsee gibt es Straßen beziehungsweise Schotterpisten in den einzelnen Ortschaften, doch Boot, Flugzeug und im Winter das Schneemobil bleiben die Hauptverkehrsmittel.

Die Alaska-Halbinsel und die Aleuten sind größtenteils vulkanischen Ursprungs. Das Gesicht vieler Inseln wird durch Kegel zum Teil noch aktiver Vulkane geprägt.

Nur selten zeigt sich die Alaska Range mit Nordamerikas höchstem Berg, dem Mount McKinley (6195 Meter) bei strahlendem Wetter. Denali – der Große – so wird er von den Athabasken-Indianern genannt.

Oben:
Den ganzen Heiligabend sind wir in Anchorage unterwegs, um uns eine ganz besondere Weihnachtsfreude zu machen.

Rechts:
Immer wieder entdecken wir ein Haus mit noch mehr Lichterketten, Rentieren und Weihnachtsmännern.

Seite 28/29:
Die kurzen Tageslichtzeiten im Winter lassen die Skyline von Anchorage in pastellfarbenen Tönen erstrahlen.

Links und ganz links:
Schneechaos in Anchorage. Routine für die Bewohner. Innerhalb von vier Stunden fiel ein Meter Schnee – ein Rekord!

Im Sommer wird Anchorage mit zahlreichen Blumen geschmückt, das lässt uns ganz die nördliche Lage vergessen.

Farbenfrohe und oft witzige Malereien laden Touristen und Einheimische in der 4th Avenue in Anchorage in Souvenirläden, Bars und Restaurants ein.

Unser erstes Ziel in Anchorage ist das Visitor Center in der 4th Avenue, um uns zu informieren.

Alaska-T-Shirts mit Elch, Bär und anderen tierischen Bewohnern des Landes bietet dieser Laden in Anchorage.

33

Oben:
**Lake Hood ist der wohl welt-
größte Flughafen für Wasser-
flugzeuge. Fast jede Minute
startet eine der kleinen,
bunten Maschinen mit laut
aufheulendem Motor oder
landet mit hoch aufspritzen-
den Wellen.**

Rechts und ganz rechts:
**Sommerpracht. Unzählige
Blumen nützen die langen
Sonnenstunden, um ihre
volle Schönheit zu entfalten.
Links Fireweed (Weidenrös-
chen) und rechts die Akelei.**

Auch wenn der Sommer in Alaska nur kurz ist, entwickelt sich in den langen Tagen die Natur in den schönsten Farben und verschiedenartigsten Blüten. Auch die Insekten wie Spinnen, Schmetterlinge und natürlich Moskitos werden dann aktiv. Oben rechts blüht roter Mohn, Mitte links Wilde Iris und Frigid Shooting Star, Mitte rechts Mountain Avens. Unten fasziniert eine ganze weite Ebene Wilder Iris.

Oben:
Sportfischer, Schulter an Schulter am Zusammenfluss von Russian River und Kenai River. Im Juni, Juli ist die beste Zeit, da an manchen Stellen des seichten Flusses die Wasseroberfläche von dicht an dicht schwimmenden Lachsen brodelt.

Unten:
Fischen ist alles. Um an die besten Fischgründe auf der gegenüberliegenden Seite zu gelangen, wurde die Russian River Fähre eingerichtet.

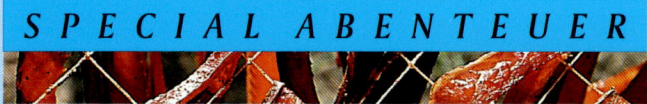
Leckeres aus dem Fluss – Lachs und Co.

In den Sommermonaten dreht sich für viele Alaskaner alles um den Fisch im Allgemeinen und um den Lachs im Besonderen. Er ist sowohl Nahrungsmittel und Freizeitvergnügen, als auch Dekorationsgegenstand und Werbeträger.

»Smoked Salmon Strips and pancakes« (geräucherte Lachsstreifen und Pfannkuchen) – bei minus 50°C kann man sich kein besseres, weil nahrhaftes und kalorienreiches, Frühstück wünschen. Doch außer Trocknen und Räuchern gibt es noch unzählig viele Zubereitungsarten für diese Delikatesse, wie Backen, Braten, Kochen, Grillen usw. Alles was jetzt noch notwendig ist, um zu so einer Leckerei zu kommen, ist eine Fischereilizenz, Angelzeug und ein Platz am richtigen Fluss.

Der Königslachs ist von seinem Gewicht her die größte Herausforderung für einen Sportfischer, aber die anderen Lachsarten wie Silber-, Rot-, Pink- und Hundslachs haben

ebenso ihren Reiz. Normalerweise leben Lachse im Meer, doch wenn die Zeit der Geschlechtsreife gekommen ist, machen sie sich auf den Weg zu ihrem Geburtsort. Dabei schwimmen sie nicht nur tausende Kilometer flussaufwärts gegen die Strömung, sondern überspringen sogar Stufen, müssen zahllosen hungrigen Mäulern von Bären und Wölfen entkommen und wachsam genug sein, um nicht zu guter Letzt noch an einer Angelleine zu zappeln. Haben sie dann am Ziel ihre wichtige Aufgabe der Fortpflanzung erfüllt, lässt sie die gewaltige Anstrengung bald sterben.

Der Sheefisch ist ein weiterer wohl schmeckender Fisch mit weißem Fleisch und einem Durchschnittsgewicht von zehn Kilogramm, der diese beschwerliche Reise zur Fortpflanzung auf sich nimmt. Doch er bleibt am Leben und

darf nach vollbrachter »Arbeit« wieder mit dem Strom ins Meer schwimmen. In den zahlreichen Gewässern Alaskas gibt es noch jede Menge anderer Herausforderungen sowohl für einen Fischliebhaber wie für einen Sportangler: zum Beispiel Forellen, Äschen, Hechte und Arctic Char.

Resurrection Bay mit den majestätischen Kenai Mountains bei Seward. Der Name Resurrection Bay stammt von Alexander Baranof, einem Gouverneur Russisch-Amerikas, der auf einer stürmischen Seefahrt von Kodiak nach Yakutat an einem Ostersonntag in der Bucht unerwartet Zuflucht fand (resurrection = Auferstehung).

Seite 42/43:
Besonders nach den langen Wintermonaten mit reichlich Schnee kann man viele Eisschollen, abgebrochen vom Portage Gletscher, im gleichnamigen See bewundern. Er ist nur eine Autostunde von Anchorage entfernt. Leider werden die Eisschollen von Jahr zu Jahr durch die Erderwärmung, die auch in Alaska deutlich zu erkennen ist, weniger.

Oben:
Das Auto bietet bequemes Reisen und doch kann man mit einem Schritt sofort in die großartige Naturkulisse Alaskas eintauchen. Richardson Highway vor Valdez mit Blick zum Worthington Glacier.

Unten:
Entspannendes Reisen durch unbekannte Gebiete entlang der Gleise bieten die komfortablen Panorama-Waggons der Alaska Railroad. Nicht selten weisen die Zugbegleiter mit dem Aufschrei »Moose on the right« auf einen Elch neben der Bahnstrecke hin.

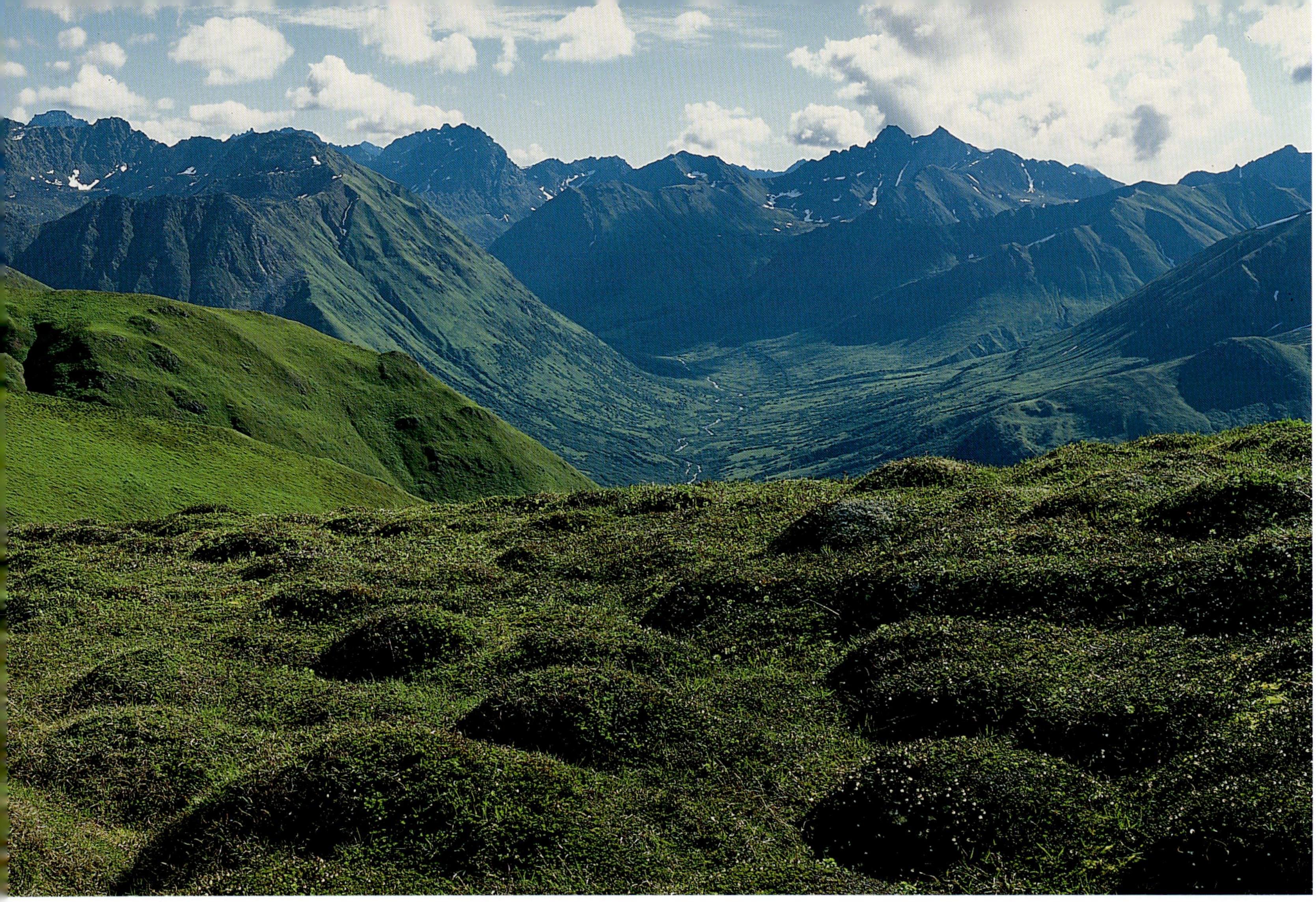

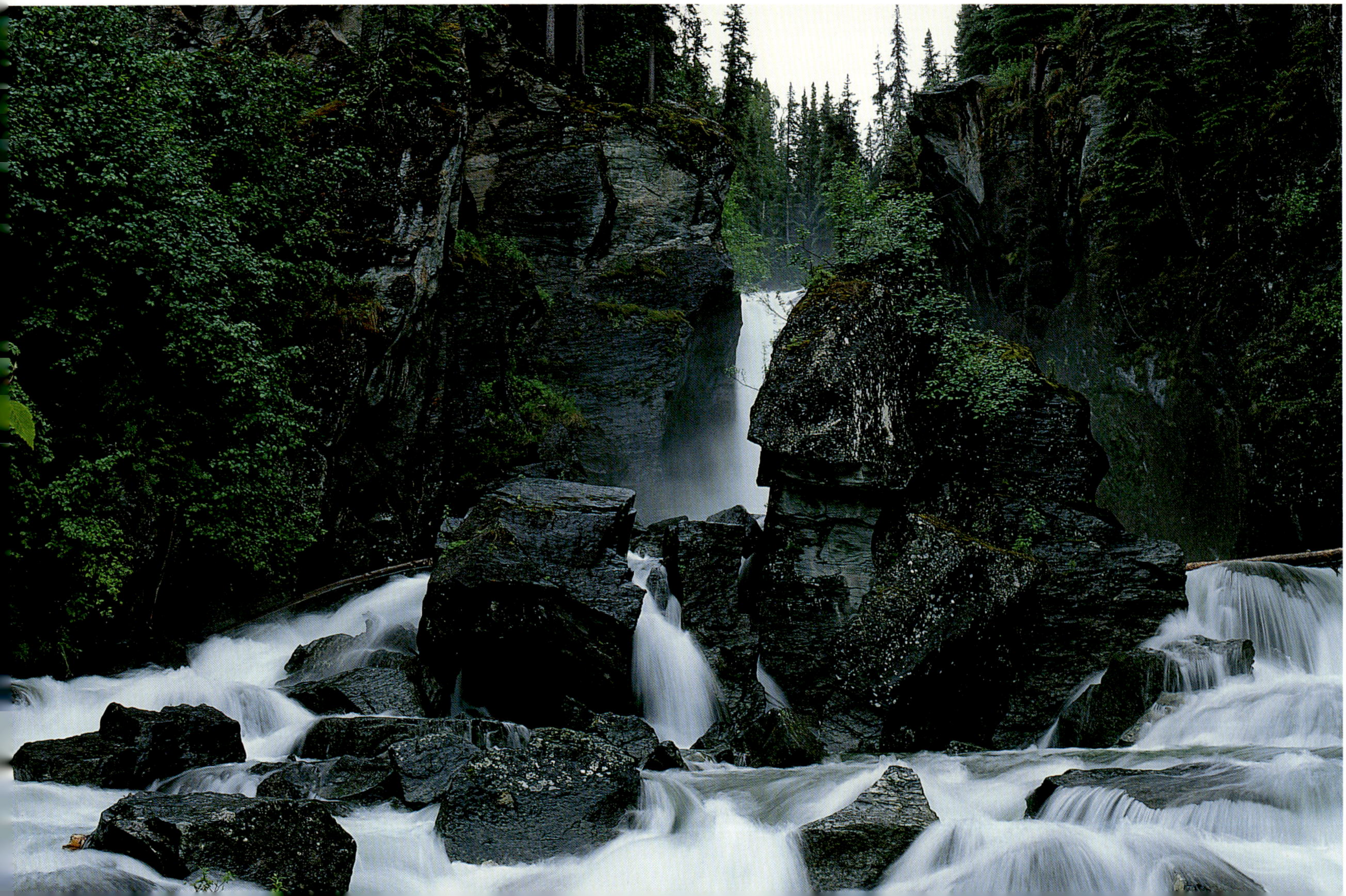

Rechts:
Mount Drum in den Wrangell Mountains ist einer der vielen Berge Alaskas, die bei Sonnenschein das ganze Jahr über für eine Schneekulisse unter blauem Himmel sorgen. Vom Glenn und vom Richardson Highway aus ist diese dominante Erscheinung zu sehen.

Links:
Oft muss man mehrere Stunden über nicht gerade leichtes Terrain wandern, um für sich ein neues kleines Tal mit wunderbarer Aussicht zu entdecken. Wandern in Alaska stellt jedes Mal eine neue Herausforderung dar, denn Wege, wie wir es von Europa gewohnt sind, findet man kaum.

Links:
Liberty Falls ist einer der wenigen Wasserfälle Alaskas, das ansonsten doch so wasserreich ist. Er liegt an der Straße nach McCarthy.

Seite 48/49:
Immer wieder wachen fantastische Felsformationen wie der Old Woman Rock entlang des Yukon über die Paddler. Diese markanten Punkte halfen schon in alter Zeit den Kapitänen der Schaufelraddampfer bei der Orientierung.

Oben:
Entlang der Flüsse treffen
wir immer wieder auf
menschliche Behausungen,
die oft nur in den Sommermonaten während der Lachs-
saison benutzt werden. Immer weniger Hütten werden
das ganze Jahr über be-
wohnt.

Rechts:
Es ist erstaunlich, wie einfach
und ohne großen Kraftauf-
wand die Steuerhebel eines
»dredge« (Bagger, die zur
maschinellen Goldförderung
eingesetzt wurden) auch
heute noch zu bedienen
sind.

Links:
Trapper, Fischer und Dog Musher Core Giumond mit Familie und die zukünftigen Champions seines Schlittenhundeteams. Ihr größtes Ziel ist, das Yukon Quest zu gewinnen.

Unten:
Die Natur bietet immer wieder besondere Momente. Nach einem starken Gewitter zieht uns ihre Schönheit noch mehr in ihren Bann.

Paddeltour auf dem Yukon

Rechts:
Yukon – 3200 Kilometer Freiheit – eine Herausforderung der besonderen Art. Mit jedem Paddelschlag tauchen wir tiefer in die Wildnis Alaskas ein.

Nachdem wir zwei Tage gebraucht haben, Schlafsäcke, Zelt, Rucksäcke, Kleidung, Ausrüstung und Lebensmittel für zwei Monate in unseren Kajaks zu verstauen, können wir endlich Whitehorse verlassen. Hubert macht mich beim Einsteigen noch auf eine Stelle mit schnellem Wasser – nur einige hundert Meter vor uns – aufmerksam. Die weiße, schäumende Stelle kommt rasant näher, schon hat mich der Sog erfasst, drückt mein Heck Richtung Felsbrocken. Keine Ahnung, wie das zum ersten Mal so schwer beladene Boot reagiert! Viel Zeit zum Nachdenken habe ich nicht, Bug gerade aus und durch. Schon treibe ich in ruhigerem Wasser. Erst jetzt sehe ich die Menschen, die am Ufer stehen und winken. Wie weit wir fahren, fragen sie, nach Carmacks oder gar Dawson? Nach Alaska bis zum Dalton Highway, wir wollen etwa 1500 Kilometer paddeln.

Gleich unterhalb von Whitehorse tauchen rechter Hand Abbrüche auf. Daran vorbeizutreiben unterstreicht unsere »rasante« Strömungsgeschwindigkeit noch. An so einer Abbruchkante entlang sitzen Weißkopfseeadler auf Ästen über uns. Die warten wohl schon auf die ersten Lachse?

Lake Laberge

Nachmittags erreichen wir den Lake Laberge. Dieser 50 Kilometer lange See liegt in einem langen Tal eingebettet, wie in einem Windkanal, und ist für seine Stürme berüchtigt und gefürchtet. Binnen weniger Minuten kann sich die ruhige Wasseroberfläche in ein tobendes Meer mit zwei Meter hohen Wellen verwandeln.

Die Einfahrt zwischen den »pilings«, den Baumpfeilern, die den Hauptkanal vom Fluss in den See markieren und noch aus der Zeit der Schaufelraddampfer stammen, ist ja noch ganz lustig, aber schon bald kommt Wind auf, der zum Sturm wird. Unser Camp bauen wir diesmal im Schutz eines Felsen auf, von dem wir eine tolle Aussicht haben. Abends braut sich über dem Einfluss ein Gewitter zusammen. Die dunklen Wolken mit den Regenstreifen wirken richtig bedrohlich, doch sie kommen nicht näher, sondern ziehen nach Osten ab. In der anderen Richtung scheint nach wie vor die Sonne und von einem Unwetter ist nichts zu bemerken.

Morgens klatschen Wellen an das Ufer – mein erster Gedanke: Der Wind hat gedreht, kommt jetzt aus Richtung der Mündung, aus der Richtung, in die wir müssen. Kaum, dass wir den Schutz der Bucht verlassen, bläst uns der Wind schon ins Gesicht und hohe Wellen brechen sich an unseren Kajaks. Alle zwei Stunden machen wir eine Pause, wollen einfach nur aus dem Wind.

Nach dem Abendessen, das von Regen begleitet wird, will Hubert wieder los. Einerseits haben wir uns schon fast häuslich eingerichtet, andererseits hat der Wind nachgelassen. Also los! Spielend, fast schwerelos gleiten wir auf dem spiegelglatten See dem Sonnenuntergang

Windmaschine angestellt. Von einem Paddelschlag auf den anderen. Die Küste ist felsig und weist keine Campingplätze auf. Endlich eine ebene Fläche mit einer hohen Schotterbank, nichts für uns zum Anlanden, wäre da nicht der kleine »Hafen«, in den unsere Kajaks genau passen. Es ist Mitternacht als wir an Land steigen.

Erst am Abend des nächsten Tages machen wir uns auf, um die letzten zehn Kilometer des Sees hinter uns zu bringen. Der Wind hat zwar nachgelassen, aber ganz ruhig ist die Wasseroberfläche nicht. Er fährt einem zeitweise ganz gewaltig ins Gesicht und bläst uns fast zurück, aber meist folgen dann ruhigere Phasen. Drei

Unvorstellbar: zwei Kajaks, Schlafsäcke, Zelt, Kocher, Bekleidung – Ausrüstung für zwei Monate Wildnis – das Abenteuer kann beginnen.

Die ersten Tage sind ausgefüllt mit Auspacken, Kajaks zusammenbauen, Einpacken, Einkaufen, Umpacken, Einpacken, Auspacken, Zusammenpacken, Einpacken, Umpacken, Einpacken, …

Im Bear Camp am Lake Laberge haben Paddelabenteurer aus aller Welt ihre Visitenkarten ins Treibholz geschnitzt.

entgegen. Fast zu schön, um wahr zu sein. Kein Lufthauch. Fast mystisch mutet die Stimmung an und selbst das Paddeln fängt an, mir zu gefallen. Das hätte es vermutlich doch nicht sollen. Gleich darauf beginnt es zu regnen. Kurz und wenig, aber doch. Mit den letzten Regentropfen setzt der Wind ein. Als hätte jemand eine

Rechts:
**Calico Bluff ist eine der
schönsten Gesteinsformationen
am Yukon. Bestehend aus
Kalkstein und Schiefer ist er
eine bedeutende Landmarke,
seit die ersten Siedler in
dieses Gebiet zogen.**

Stunden später erreichen wir das Lower Laberge Village,
ein verrosteter Lastwagen und die Überreste des Fluss-
dampfers »Casca« geben dem ehemaligen Rivercamp
Atmosphäre.

THIRTY MILE

Die Teilstrecke zwischen Lake Laberge und dem Teslin
River ist bekannt als Thirty Mile. Die Strömung ist
schnell, es gibt viele scharfe Biegungen und seichte
Stellen. In den Tagen der Schaufelraddampfer blieben
viele Wracks auf den Sandbänken und in den Stromschnellen liegen. Bezeichnungen wie Casca Riff, US Bend

Oben, von links nach rechts:
**Im Sommer 2004 hüllten
mehr als 100 Waldbrände
das ganze Land in Rauch.
Viele Tage konnten wir nicht
einmal das gegenüberliegende
Ufer sehen, die Augen brann-
ten und der Hals kratzte.**

**Wenn die guten Campplätze
zu spät zu sehen und die
Strömung zum flussaufwärts
Paddeln zu stark ist, bleibt
nur eins: ins kalte Wasser
springen und das Kajak an
die Leine nehmen, um »was-
sertretend« den schönen
Platz zu erreichen.**

**Die Strömungsgeschwindig-
keit lädt manches Mal zum
Faulenzen ein.**

und 17 Mile Woodcamp lassen die Vergangenheit auf-
erstehen. Bei einer Strömungsgeschwindigkeit von acht
Kilometern in der Stunde kommen wir, sogar wenn wir
uns treiben lassen, gut voran.

Mittags erreichen wir nach dem Einfluss des Teslin
Rivers, der den Yukon fast verdoppelt, Hootalinqua. Der
alte Flussdampferstopp mit dem klingenden Namen
»Fluss, der gegen den Berg rennt« war einst für die
Minenarbeiter und Goldgräber ein wichtiger Treffpunkt
mit Telegrafenstation, Polizei und Wirtshaus. Obwohl
Hootalinqua nie wirklich eine große Ansiedlung war,
diente es über Jahrzehnte als Haltestopp für die Stern-
wheeler und als Winterhafen.

Die dichten Waldstreifen, die mit Buschwerk nun zu
beiden Ufern abwechseln, machen es uns nicht einfach,
einen Platz für die Nacht zu finden. An einer verfallenen
Hütte machen wir Halt, der knappe ebene Platz würde
vielleicht gerade für unser Zelt reichen, aber es wimmelt

nur so von Stechmücken. Auf einer ungeschützten
Schotterbank, die mehr oder weniger von weichem Sand
eingefasst ist, landen wir an. Ohne Büsche – keine
Moskitos, dafür haben wir bei jedem Gang zu den
Booten noch dickere Schlammfüße!

Es regnet noch immer, als wir starten, und der Wind
fährt uns ins Gesicht. Trotzdem kommen wir ganz
gut voran bis zum Salmon River Einfluss, wo wir uns das
Dorf ansehen. Diesen ausgezeichneten Standort hatte
schon der Indianerstamm der Tutchone vor tausenden
von Jahren als Fischcamp gewählt. Während des
Goldrausches wuchs das Dorf sogar zu ansehnlicher
Größe. Jetzt sind die Hütten jedoch verlassen und dem
Verfall preisgegeben. Die kräftig pinkfarbenen Weidenröschen, die in der hinter bauschigen Wolken hervor-
lugenden Sonne leuchten, geben einen schönen Kontrast
zu dem verwitterten Holz. Nach und nach kommen
andere Kanuten und Kajaker an, Infos und Geschichten

für die Dampfschiffe, die mit Hilfe einer Winde fluss-aufwärts gezogen wurden. Wir sind neugierig, wie es uns in unseren Kajaks gehen wird, während das Tosen des Wassers immer lauter wird. Wir schlüpfen durch das »V« und schon tanzen wir auf den eng stehenden Wellen darunter. Plötzlich will mich eine große, starke Welle mit gewaltigem Druck auf mein Heck Richtung Felsen drücken. Nach einer Schrecksekunde und mit ein paar kräftigen Paddelschlägen ist die Säule außer Reichweite und ich dümpele ruhigerem Wasser entgegen.

Als wir auf das weiß schäumende Wasser der Rink Rapids zufahren, haben wir das Gefühl, dass der ganze

Unten links:
Weder Straße noch Weg, die einst zu drei Minen führten, sind am Washington Creek zu erkennen. Einziges Über-bleibsel ist dieser Traktor, der für den Transport von Ausrüstung und Kohle zwi-schen Yukon und Mine ver-wendet wurde.

Unten Mitte:
Steil abfallende Hänge bilden einen schönen Rahmen für das breite Bett des Yukon. Immer wieder sorgen sie für Abwechslung in der Wald-landschaft am Ufer.

Unten:
Der Königslachs ist einer der wohl schmeckendsten Fische des Yukon. Leider muss er sehr aufwändig mit Netzen gefangen werden.

werden während des gemeinsam eingenommenen Mit-tagsimbiss ausgetauscht. Wir sprechen auch über die Feuer, zwischen Carmacks und Dawson soll sogar der Fluss zu sein, keine Sicht, nur Rauch. Das sind ja schöne Prognosen für die nächsten Tage!

Gleich darauf paddeln wir neben Ufern mit verbrann-ten Bäumen, mancherorts raucht es noch und es riecht! Schlimm, was so ein Buschfeuer anstellen kann. Aber auch bizarre Schönheit: die schwarz verkohlten Baum-leichen, die in den Himmel ragen, und zu ihren Füßen ein Meer aus Fireweed, die blühen, als könnte ihnen ein Feuer nichts anhaben.

FIVE FINGER RAPIDS

Die Highlights auf der Strecke zwischen Carmacks und Dawson sind die Stromschnellen. Bei den Five Finger Rapids teilen hohe Basaltsäulen den Fluss in fünf Kanäle schnellen Wassers. Nur der rechte Kanal galt als sicher

Fluss in Aufruhr ist. Erst beim Näherkommen erkennen wir, dass wir die Stromschnellen links liegen lassen können und sie in dem einige Meter breiten, ruhigen Wasser entlang des rechten Ufers passieren können. Gleich unterhalb entdecken wir auf der hohen sandigen Uferbank eine exponierte Stelle aus weißer Asche. Sie stammt von einem Vulkanausbruch vor etwa 2000 Jah-ren und wird Sam Magee's Ashes genannt.

Weiter flussabwärts passieren wir Hell's Gate. Hinter dem Namen »Höllentor« scheint sich etwas Gefährliches zu verbergen und dieser Teil war tatsächlich für die Flussdampfer schwierig zu befahren. Doch für uns ist es einfach nur spannend, durch das Gebiet mit unzähligen Inseln, Seitenarmen und flachen Sandbänken, das den Fluss auf das Dreifache verbreitert, zu paddeln.

Wir erreichen den Pelly River Einfluss und somit Fort Selkirk. Robert Campell befuhr als erster Weißer den oberen Yukon und errichtete hier 1843 einen Handels-

Oben:
Genauso aufwändig ist die Verarbeitung zu geräucher-ten Lachsstreifen. Im Winter versorgt diese Delikatesse die Menschen des Nordens mit Fett, um ihren Wärme-haushalt bei tiefen Tempe-raturen besser regeln zu können.

Nur die amerikanische und kanadische Flagge markieren die Grenze zwischen den beiden Ländern. Erst eine Stunde später erreichten wir Eagle, den ersten Ort in den USA, wo wir uns auf die Suche nach dem Einreise-Beamten machen mussten, um einen Einreisestempel in unsere Pässe zu bekommen.

Oft suchen wir große, überschaubare Schotter- und Sandinseln für unser Camp aus, um so den manchmal sehr lästig werdenden Moskito-Schwärmen zu entgehen und ungebetenen Bärenbesuch rechtzeitig zu bemerken.

posten der Hudson's Bay Company. Viele der alten Gebäude wurden renoviert und der Ort lädt zu einem Rundgang wie vor 100 Jahren ein.

Seit fünf Tagen sind wir nun schon im Rauch unterwegs. Die Sonne ist morgens als gelbe und abends als orange Kugel zu sehen, den blauen Himmel können wir nur erahnen. Zeitweise ist der Rauch der zahlreichen Waldbrände so dicht, als würden wir uns im dichtesten Nebel bewegen. Der Fluss ändert immer wieder sein Gesicht: Mal reiht sich Insel an Insel, dann folgen wieder lange Strecken mit hohen Felswänden, mal schmale Durchlässe, dann wieder ausladende Biegungen. Die Suche für geeignete Campplätze stellt uns auf eine harte Probe. Die geeignetsten Sandbänke und höher gelegenen Uferbänke passieren wir stets um die Mittagszeit und abends bleiben dann die schlammummantelten Schotterinseln mit groben Steinen. Waldplätze, wie im oberen Teil, sind so gut wie nicht vorhanden.

MOSQUITO CREEK CAMP

Da! Mosquito Creek Camp. Ein altes Camp im hohen Gras auf einer Lichtung, auf drei Seiten eingerahmt von Buschwerk. Nicht gerade sehr einladend. Es ist spät und das Donnergrollen, das uns schon eine Weile begleitet, wird lauter. Wir bleiben.

Wir sind gerade fertig mit unserem Nachtmahl, als wir unten bei den Booten ein Schnauben wahrnehmen. Ein junger Schwarzbär ist auf dem Schotterstreifen

unterwegs, die Kajaks und das Zelt hat er hier noch nie gesehen. Hubert klatscht und schreit, meint ich soll die Töpfe zusammenschlagen und Krach machen. Nur sehr langsam wendet sich der Schwarze zum Gehen, dreht sich drei- bis viermal um, überlegt, ob er im Busch verschwinden soll oder nicht. Kurze Zeit später taucht er hinter dem Camp im Gras auf und schaut wieder ganz neugierig in unsere Richtung. Wieder das Gleiche, erst als Hubert auf ihn zugeht, stellt er sich schnüffelnd auf, bevor er dann auf dem breiten Trail im Gebüsch verschwindet.

Wie ich da heute Nacht ein Auge zu machen soll, frage ich mich, zu gerne würde ich weiterfahren. Aber es ist Viertel vor elf, mit den Plätzen ist es schwierig und aufgebaut ist das Zelt ja auch. Ich bin überzeugt, dass er wiederkommt!

Irgendwie habe ich es doch geschafft einzuschlafen, gegen halb zwei werde ich wach. Ein Gewitter – gewaltiges Donnergrollen ist zu hören – ist im Anzug. Wir stehen auf, um das Überzelt aufzuspannen, falls es regnen sollte. Der Regen würde den Rauch vertreiben. Wie oft hatten wir ein geschütztes Waldcamp, heute stehen wir natürlich frei. Wir sind noch keine zehn Minuten wieder im Zelt, als wir ein Schnüffeln hören – ganz nah

Links:
Pancake und Ahornsirup ist das typische Wildnis-Frühstück, meint Hubert, der »Pancake man of the Yukon«.

Unten:
Nicht immer fällt es leicht, morgens ins Kajak zu steigen, um weiterzupaddeln. Viel zu schön liegen unsere Camps und laden zum Verweilen ein. Wie am Lake Laberge, durch den der Yukon am Anfang seiner Reise fließt.

am Zelt. Der Bär ist wieder da! Hubert springt als erstes raus und vertreibt ihn so laut, dass dieser im wilden Lauf mitten in die Büsche stolpert. Es ist die finsterste Zeit der Nacht – Hindernisse im Wasser wären erst im letzten Moment zu erkennen – und das Gewitter kommt näher. Jetzt kann Hubert sein Versprechen, weiterzufahren, wenn der Bär nochmals auftaucht, nicht einlösen.

WHITE RIVER

Der nächste markante Punkt ist der Einfluss des White River, der dem bis jetzt mehr oder weniger dunkelgrünen, klaren Yukon die Farbe stiehlt. Das Wasser verwandelt sich in eine milchig graubraune Brühe und eignet sich nicht mal mehr zum Zähneputzen, geschweige denn zum Trinken. Das heißt, dass wir nun jeden Creek ansteuern müssen, um genügend Trinkwasser zu haben. Doch schmutzig ist das Wasser nicht. Der feine Sand, den der »Weiße Fluss« mit sich führt, kommt von den Gletschern der St. Elias Mountains aus der Kluane Region.

Zwei Tage später erreichen wir Dawson, gönnen uns ein paar Tage Erholung vom Paddelalltag und tauchen in die Goldgräberzeit ein, die uns hier auf jedem Schritt begegnet.

Unten:
Abendliche Wildnisromantik. Ein Lagerfeuer darf nicht fehlen, jedoch nur auf vegetationslosen Schotterinseln oder auf Sandbänken, um so die Gefahr eines Waldbrandes zu bannen.

In Dawson fühlen wir uns zurückversetzt in die Zeit des Goldrausches. Die alten Häuser mit den Ende des 19. Jahrhunderts typischen Fassaden beherbergen heute zwar Restaurants, Läden und Bars, haben aber nichts von ihrem Flair verloren.

Im Süden und Südosten Alaskas ist der Russisch-orthodoxe Glaube nach wie vor präsent und zeigt sich noch in vielen Kirchen, wie hier in Ninilchik auf der Kenai-Halbinsel.

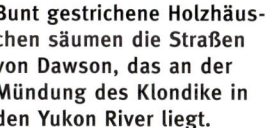

Bunt gestrichene Holzhäuschen säumen die Straßen von Dawson, das an der Mündung des Klondike in den Yukon River liegt.

Skagway war erstes Ziel abertausender Glücksritter, die dem Motto »North to the future« – im Norden liegt die Zukunft – folgten.

Rechts:
Ein hölzerner Grabstein erinnert an die Goldgräberzeit.

Unten:
So lebt es sich am Strand der Resurrection Bay in Seward.

MICHAEL BERNARD MCKANNA
OF
DOUGLAS ISLAND
ALASKA.
AGED 50 YEARS.
DIED JUNE 13 1892.

HE LIVES IN MEMORY STILL

Oben:
Die alte St. Andrew's Kirche liegt am Lake Benett.

Links:
**Mmh... Lachssteaks.
Am besten auf dem selbst gebauten Holzkohlegrill zubereitet.**

CHILKOOT PASS –
DAS LETZTE GROSSE
ABENTEUER

Rechts:
Fast haben wir unser Ziel erreicht. Nach 53 Kilometern ist am Lake Bennett, wo einst 20 000 Menschen voll Hoffnung ihre Boote bauten, der Chilkoot Trail zu Ende.

Mit dem Aufschrei »Gold! Gold! Im Klondike« begann ein kurzes, aber faszinierendes Abenteuer. Als im August 1896 Skookum Jim Mason, Dawson Charlie und George Washington Carmack am Klondike River Gold fanden, lösten sie einen der größten Goldräusche der Geschichte aus.

Den ganzen Sommer über und bis in den Winter 1897/98 strömten Stampeder in die neu gegründeten Zeltstädte Skagway und Dyea – die Ausgangspunkte für die 600 Meilen lange, gefährliche Fußreise zu den Goldfeldern. Hier lag der Anfang der

Oben:
»Ja, ich schwöre beim Stein aus dem Klondike River, dass ich alle Regeln befolgen und der Natur keinen Schaden zufügen werde. Und auch keine Relikte – nicht mal einen rostigen Nagel – von seinem Platz entwende...«

beiden Trails über das Küstengebirge bis hinunter zu den Quellen des Yukon Rivers an den Seen Lindeman und Bennett. Der Chilkoot Trail war der schwierigere, denn der Weg war nicht für Lastentiere geeignet.

Dyea-Dave bringt uns mit dem Permit im Rucksack zum Ausgangspunkt eben jenes Chilkoot-Trails. Nach einem ständigen Auf und Ab des Weges verschlingt uns der küstennahe Regenwald mit seinem hohen Gras- und Staudenbewuchs entlang des Taiya Flusses, Boardwalks geleiten uns trockenen Fußes durch Sumpfgebiet, bevor es wieder bergauf zum ersten Camp geht. In Canyon City, dem ersten Camp, für das wir uns eingetragen haben, hoffen wir das erste Mal den »Spirit« des

Rechts:
Bare Loon Lake ist einer der schönsten Campplätze entlang des Trails, besonders abends, wenn der schaurig schöne Ruf des Eistauchers über den See hallt.

Goldrausches zu spüren. Über eine Hängebrücke gelangen wir zur einst viertgrößten Stadt am Trail. Außer einem verrosteten Ofen und dem alten Kessel einer Dampfmaschine, mit der ein Lastenaufzug zum Pass betrieben wurde, ist nichts zu entdecken.

Nach dem Sheep Camp geht es morgens um Viertel nach Fünf los, über ein Gewirr aus Felsblöcken erreichen wir die Scales. Hier wogen die Lastenträger ihr Gewicht noch einmal nach, um höhere Löhne für das letzte, steilste Stück zum Pass zu verlangen. Vor uns liegen die berühmten Golden Stairs. Um diesen 45 Grad steilen Aufstieg im Winter bewältigen zu können, hatten die Goldgräber eine Treppe ins Eis gehauen. Körper an Körper schob man sich in einer langen Menschenschlange unaufhörlich über den Pass. Mit der Überschreitung des Passes fällt unser Blick das erste Mal auf die weite zum Teil noch unter hohem Schnee verborgene Berglandschaft Kanadas. Wir haben das großartige Gefühl, den Chilkoot Pass geschafft zu haben wie einst die Goldgräber.

Der Chilkoot Trail ist sehr abwechslungsreich. Sogar wüstenartige Bedingungen wie Sand und Hitze finden wir hier.

Sicher ist sicher! Denn Bären, die hungrig sind, gibt es jede Menge. Lebensmittel und alle stark riechenden Dinge gehören nicht ins Camp. In wasserdichte Säcke verpackt hängt man sie an so genannte »bear poles«.

Durch die Bekanntheit des Chilkoot Trails ist der Weg bestens markiert und man bekommt im vorhinein alle Informationen, die einen sicher durch diese Bergregion bringen.

Bei Canyon City schlagen wir unser Zelt unter riesigen Bäumen auf. Die Kühle der nahen Felswand lässt uns die Hitze des Tages vergessen.

Habe sicher nicht vor, diesen Weg zu verlassen ...

Unten:
Im Gebiet des Crater Lake kann es sogar im Hoch-sommer vorkommen, dass man größere Schneefelder überqueren muss.

Links:
Die müden Wanderer warten hier im Bahnhof am Lake Bennett auf die White Pass Railroad, um nach Skagway zurückzukehren.

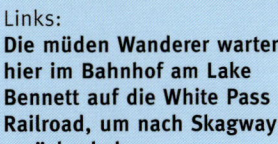

63

LEBEN IN ALASKA

Die beiden großen Städte Alaskas, Anchorage und Fairbanks, aber auch die kleineren, wie die Hauptstadt Juneau, kann man durchaus mit anderen amerikanischen Städten der Lower 48 vergleichen. Die Versorgung der Menschen steht an erster Stelle, ob es nun um das Gesundheits- oder Schulwesen geht oder schlichtweg um die Verpflegung. So findet man in den Supermärkten von japanischen Algen über neuseeländische Äpfel bis hin zum deutschen Brot alles, was der Magen begehrt.

Der einzige Unterschied ist, dass hinter der Stadtgrenze gleich die Wildnis beginnt, mit all ihren Verlockungen und Gefahren. Die Menschen sind »auf du und du« mit Bär, Wolf und Karibu, und es kommt gar nicht selten vor, dass man einem Elch in seinem Vorgarten in Downtown Anchorage begegnet.

Selbst wenn einige nur auf Zeit und wegen des schnellen Geldes hierher gekommen sind, erkennt man einen richtigen Alaskaner an seiner Liebe zur unermesslichen Weite des Landes und der Freiheit, mit und in der Natur zu leben. Fast jeder hat eine bestimmte Zeit im Busch gelebt, eine Blockhütte gebaut und sich als Trapper oder Fischer versucht. Hat die Einsamkeit der langen Polarnächte manche wieder in Dörfer oder kleine Ansiedlungen zurückgetrieben, sind die Bewunderung und der Respekt für die atemberaubende Schönheit Alaskas geblieben.

Der Mensch wird in Alaska immer nur Gast sein. Wenige werden es schaffen, sich in diesem rauen Land zu behaupten. Nur wer bereit ist, die Regeln der Natur zu befolgen, und nicht versucht, ihr seine Regeln aufzuzwingen, wird von dieser geduldet werden.

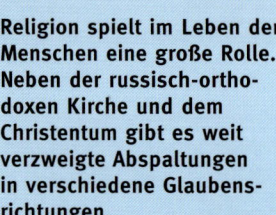

Religion spielt im Leben der Menschen eine große Rolle. Neben der russisch-orthodoxen Kirche und dem Christentum gibt es weit verzweigte Abspaltungen in verschiedene Glaubensrichtungen.

Unten:
Carrie F., hunting assistent guide. Eine Frau muss im hohen Norden zu jeder Zeit ihren Mann stehen!

Ganz unten:
Am Ende des Winters patrouillieren die State Troopers ihr riesiges Arbeitsgebiet mit Flugzeugen. So können sie auch bei ganz entlegen wohnenden Familien nach dem Rechten sehen.

Mit viel Liebe im Stil einer Sauerteig-Hütte gebaute Briefkästen finden sich neben einfachen Blechkästen entlang der Highways. Sie sind so aufgestellt, dass der Briefträger nicht aus seinem Auto steigen muss.

In Anlehnung an eine der größten amerikanischen Supermarktketten wurde aus Mike's Krämerladen »Walmike«.

Oben:
Durch die oft weite Entfernung zum nächsten Supermarkt kauft der Alaskaner für mehrere Monate ein, um so nicht unnötig viel Zeit mit Shopping zu verbringen.

Unten:
Nicht jeder kann sich einen Hunde-Truck leisten, um dem Nationalsport, dem Hundeschlittenfahren, nachzugehen, so wie Ingabritt.

Ohne Auto geht gar nichts! Auch in Palmer holt sich der Alaskaner seinen Morgenkaffee mit dem Truck.

Jedem sein Stilles Örtchen.

Seite 66/67:
In den Stromschnellen zwischen Lake Lindeman und Lake Bennett verloren viele Goldsucher ihre Ausrüstung, noch bevor sie ihre Reise zu den Goldfeldern am Klondike fortsetzen konnten.

Oben:
**Die ersten Nachtfröste leiten
eine der schönsten Jahreszeiten ein: Indian Summer.
Jeder Baum, jeder Strauch,
selbst der kleinste Grashalm
steuert etwas zu dieser
Farbenpracht bei.**

Unten:
**In den Chugach Mountains
ist der erste Schnee gefallen.
Die Tundra neben dem Glenn
Highway scheint zu brennen.**

Oben:
Im Spätherbst kommen die Elchbullen von den höheren Lagen ins Tal zur Brunft und um ihre Machtkämpfe auszutragen.

Rechts:
Stachelschweine finden immer einen Weg, ob über hohe Böschungen, schmale Baumstämme oder breite Flüsse. Sie gelten als Clowns der Wildnis, vor ihren Stacheln sollte man sich jedoch in Acht nehmen.

Ganz rechts:
Schneeschuhhasen können sich bestens der Umgebung anpassen. Im Winter färbt sich ihr Fell schneeweiß, dadurch sind sie perfekt getarnt.

Rechts und ganz rechts:
Man sollte meinen, am Fluss gebe es keinen Gegenverkehr. Fast-Zusammenstoß mit einem der am Yukon häufig vorkommenden Schwarzbären.

Flinke Erdhörnchen sind eine besondere Delikatesse für Grizzlys. Obwohl dieser kleine Snack den Kalorienverbrauch bei der Jagd in keiner Weise aufwiegt.

Die gedrehten Hörner, die bei vier bis fünf Jahre alten Dallschafen einen Dreiviertelkreis, bei sieben bis elf Jahre alten Exemplaren eine volle Umdrehung und eine Länge von einem Meter erreichen können, sind ihr besonderes Merkmal.

Seite 72/73:
Bei langen Ausfahrten machten wir alle zwei Stunden eine kurze Pause. Dann galt dem Öffnen des Futtersackes die volle Aufmerksamkeit des ganzen Teams. Voll Erwartung blicken sie in Richtung Musher und warten auf ein Stück Biberfleisch oder Lachs.

71

EIN WINTER BEI DEN HUSKIES

Rechts:
Trainingsfahrt am Iditarod Trail, dem wohl berühmtesten Schlittenhundetrail Nordamerikas. Die Athleten des Nordens laufen bis zu 100 Kilometer pro Trainingstag.

6 Uhr morgens, Nähe Wasilla, eine Autofahrtstunde nördlich von Anchorage, beginnt ein Heulen und Bellen, das soviel heißt wie »Hunger, was ist los? Wir sind schon wach!«

»Ich weiß, ich weiß, aber trotzdem könnt ihr mich, der Wecker geht erst um 7 Uhr, hell wird es sowieso erst um halb 9, also Guys legt euch wieder aufs Ohr und bedeckt die Schnauze mit eurem Schwanz.« Minus 30°C hat es draußen, ich gleite tiefer in meinen Schlafsack. 7 Uhr, kein Bellen oder Heulen, dafür rasselt der Wecker. Ich muss raus – noch ein paar Minuten – nein raus und der allmorgendliche Kampf beginnt, das Outhouse ruft. Freundliche Gesichter und ein Tänzeln sowie Schwanzwedeln empfangen mich, als ich auf meinem Weg zum Outhouse durch den Dogyard gehe. 80 Alaskan Huskies – Athleten des Nordens, nur eines im Sinn: laufen und ziehen, und zugleich die freundlichsten Lebewesen, die ich je kennen lernen durfte – schauen nun zu mir rüber.

»Nathan, wie geht es dir heute?« Mit vollem Gewicht – und er ist groß – wirft er sich auf mich und beißt mir zart in die Hand: »Bleib noch ein wenig bei mir, ich mag deine Streicheleinheiten.« Erwartungsvoll beobachten diese liebenswürdigen Wesen jeden meiner Schritte in der Hoffnung auf ein wenig Aufmerksamkeit. Fischgeruch breitet sich aus, der riesige Topf mit Lachsen beginnt zu kochen. »Breakfast is ready, Guys.« Nun sind sie nicht mehr zu beruhigen. Ein Geheule und Gekläffe geht los: »He, mach schon, ich auch,

Für die Begegnungen auf dem Trail gibt es Regeln. So hält ein Musher seine sehr neugierigen Hunde in Schach, während ein Langläufer seinen Weg fortsetzt.

vergiss ja mich nicht, ah, wie das duftet, komm, komm endlich zu mir, mehr, ich will mehr, ...« Es bedarf zwar einiger Zeit, bis sie versorgt sind, aber beim letzten Schöpfer ist alles ruhig. Ab und zu ein Schnalzen der Zunge, der Fressnapf wird blank poliert.

Inzwischen ist es 10 Uhr geworden, leichte Schneeflocken fallen herab, der Himmel ist grau und doch ist es durch den Schnee angenehm hell. Meine »never ending story« beginnt, die Hundehaufen – zum Glück steinhart gefroren – müssen eingesammelt werden. Wenn ich es ganz genau nehme: zwei Stunden. Wie ich diese Arbeit hasse und trotzdem ihre Notwendigkeit sehe und begreife. Nun beginnt ein Knurren in der Magengegend, auch ich habe Hunger. Schnell eine heiße Suppe und ein Sandwich.

Drei Teams mit je zwölf Hunden trainiere ich, Halb- und Einjährige, fünf bis zehn Meilen je nach Gruppe. Da es nun den ganzen Tag kalt bleibt, brauche ich nicht morgens oder spät abends fahren. Obwohl das leise Dahingleiten in der Dunkelheit, nur eine Stirnlampe sorgt für Licht, ein besonderes Erlebnis ist. So bin ich den ganzen Tag mit den Hunden zusammen und genieße jede Minute,

ruhig zu halten, springen über die Leinen, ziehen oder beißen daran und jaulen mit heißerer Stimme: »Kann es nun endlich losgehen, wie lange soll ich noch warten!« Diejenigen, die dieses Mal nicht mitdürfen, wenden sich ab, fast so, als seien sie ein wenig beleidigt. »Guys ready, let's go!« Mensch und Tier – eine Einheit bildend – gleiten in die verschneite Wildnis Alaskas. Und gemeinsam entdecken wir, was auf uns wartet und es zu erforschen gibt.

Ein Loch im Himmel lässt die ersten Sterne auf uns herableuchten, klart es auf, wird es noch kälter werden. Futter, und das in bester Qualität, wird dann noch wichtiger. Ich schalte den großen Scheinwerfer aus, einige sind schon in ihren Hütten, andere lecken noch ihre Hüttendächer ab in der Hoffnung, einige Futterreste ihres Abendessens übersehen zu haben. Bevor ich in die Hütte gehe, werfe ich einen Blick auf das Thermometer, minus 35°C und erst 8.30 Uhr abends. Okay, morgen werden sie mich um 6 Uhr wieder wecken, aber vor 7 Uhr bringt mich keiner aus dem Schlafsack.

IDITAROD

Aber nicht nur Training und die Versorgung der Hunde sind die Aufgabe eines »doghandlers«, des Gehilfen eines »mushers« (Hundeschlittenführers), sondern auch Vorbereitungen für Rennen. Wenn es sich nun noch um die Teilnahme am wohl bekanntesten und längsten Schlitten-

auch wenn es Probleme gibt und die gibt es zur Genüge. Besonders mit den Halbjährigen. Sie sind verspielt, strotzen nur so von unkontrollierter Kraft und wissen noch nichts. Harte Knochenarbeit ist angesagt. Selbst bei minus 30°C komme ich ins Schwitzen und des öfteren entledige ich mich des Parkas.

Wenn ich Schlitten oder Fourwheeler (je nach Schneelage) in Ausgangsposition bringe, kommt wieder Bewegung in die nun dahin dösende Menge. Einige heben nur Ohren und Augenlider andere jedoch recken und strecken sich – Warm ups – in der Hoffnung auf den Trail mitgenommen zu werden. Nehme ich jedoch die Harnische zur Hand geht es rund. Da wird gewedelt und gejault, um die Hütte gelaufen und gesprungen, bittende Pfoten streichen meine Arme entlang und herzerweichende Blicke folgen mir. »Nimm mich mit – ich bin heute gut drauf – geh nicht vorbei«, fast kann ich ihre Gedanken lesen. Das »Anharnischen« hat eine Bandbreite von raschem Überstreifen bei den routinierteren bis hin zum Kampf eines Tierbändigers mit den lebhaft verspielten Junghunden. Während ich die Hunde an die Leinen hänge, sind diese kaum mehr

hunderennen der Welt, dem Iditarod – für das man sich mit dem Durchkommen bei mehreren Rennen qualifizieren muss – handelt, können die letzten Vorbereitungen vor dem Rennen schon einige Wochen in Anspruch nehmen.

Die Hunde werden natürlich das ganze Jahr über, mit Ausnahme einer kurzen Sommerpause, wenn die Temperaturen zu warm zum Laufen sind, in Muskelaufbau und Ausdauer trainiert. Jeder Musher hat dabei seine eigene Philosophie, um mit seinen Hunden »zusammenzuwachsen« und als Einheit die etwa 1100 Meilen nach Nome durch Schnee, Eis, Temperaturen unter minus 40 °C und Stürme bis zu 100km/h entlang der Küste, nicht nur zu bewältigen, sondern möglichst zu den Top Ten zu gehören.

Für uns bedeutet das, Berge von gefrorenem Fleisch – Huhn, Rind, Schwein – in Hundeportionen zu hacken und in Tages-, beziehungsweise Mahlzeitsrationen zu verpacken. Dazu kommen noch Leckerbissen wie Lachsstücke und Beaverfleisch. Am Wichtigsten ist jedoch Fett. Dafür erhitzen wir Kokosfett und Schweineschmalz und portionieren es in Eiswürfelbehälter, so dass diese kalorienreichen Bissen als Snacks geeignet sind. Reis und Trockenfutter runden den Menüplan ab. Dazu hat jeder Musher noch einige Gustostückerl mit geheimer Rezeptur für besondere Situationen oder außergewöhnliche Trailbedingungen. Immerhin braucht einer dieser »Athleten des Nordens« etwa 12 000 bis 14 000 Kalorien an so einem Renntag.

Außerdem müssen mehrere Garnituren sämtlicher Leinen, wie Gangline (Leine, an der alle Hunde vor den

Schlitten gespannt sind), Tugline (Nebenzugleine, über die jeder Hund an der Gangline zieht), und Neckline (Halsleine, die das Halsband mit der Gangline verbindet), angefertigt werden. Harness (Zuggeschirre) müssen ausgebessert, beziehungsweise erneuert werden. Vor allem aber müssen 2000 Booties – kleine Stoffstrümpfe mit Klettverschluss, um die Pfoten vor Verletzungen zu schützen – in Säcken zu jeweils 64 Stück (eine Garnitur für 16 Hunde) verpackt werden.

Weitere Ausrüstungsgegenstände, wie ein weiteres Paar Runner (Schlittenkufen), ein zusätzlicher Schlitten, Reservekleidung und -schuhe für den Musher und einzeln eingeschweißte Mahlzeiten, die er im heißen Wasser erwärmen kann, türmen sich im Freien. Nun können wir daran gehen, alles in große Säcke, die mit dem Schriftzug der Checkpoints (Kontrollstationen entlang des Iditarod Trails) versehen sind, zu verpacken. Diese Säcke werden dann mit kleinen Buschflugzeugen von Anchorage aus in die Wildnis zu den Checkpoints gebracht. Alles in allem können da schon an die 1000 Kilo zusammenkommen für einen Zeitraum von etwa zwei Wochen.

Die Pflichtgegenstände, wie Schneeschuhe, Axt, Hundefutter, Schlafsack, die der Musher immer bei sich haben muss, werden im Schlitten verstaut. Dazu kommen Kocher und Brennstoff, Kochgeschirr zum Zubereiten der Hundemahlzeiten, Fressnäpfe, Booties, eine Apotheke, die vor allem eine Salbe für die Hundepfoten enthält, Ersatzleinen, Reservehandschuhe, Thermoskanne mit Tee und Snacks für Hunde und Musher. Neben dem Trainings- und Arbeitsaufwand das ganze Jahr über beinhaltet die Teilnahme am Iditarod eine enorme finanzielle Belastung, und dies nicht nur wegen des hohen Nenngeldes.

ENDLICH IST ES SOWEIT...

Anchorage: Start des berühmtesten Schlittenhunderennens der Welt. Anfang März jeden Jahres treffen sich 60 bis 80 Musher hier, um ein Rennen durch die Wildnis Alaskas zu bestreiten. 80 Teams = 1280 Hunde = 5120 Pfoten. Der Sieger bekommt 60 000 Dollar und einen Truck im Wert von 30 000 Dollar. Die Besten der Welt sind hier zu finden. »The race is on« – auf den Spuren der berühmten Musher und Hunde, die es schafften, die erkrankte Bevölkerung in Nome zu retten.

1925 war im fernen Nome an der Beringsee Diphtherie ausgebrochen, ein Antiserum wurde dringend benötigt. Besonders für die Inuit hätte eine Epidemie aufgrund fehlender Widerstandskräfte gegen diese Krankheit nicht absehbare Folgen gehabt. Die Buschfliegerei steckte noch in den Kinderschuhen, bislang wurden Flugzeuge in Alaska nur im Sommer eingesetzt. Niemand wusste, ob die Maschinen bei Temperaturen von minus 40°C überhaupt fliegen konnten. So wurde das Serum mit dem Zug von Anchorage nach Nenana, der damaligen Endstation der Eisenbahn, geschickt. Von dort aus sollte das Medikament mit Hundeschlitten weitertransportiert werden. Zwanzig Musher mit ihren Schlittenhunden hielten sich an vereinbarten Treffpunkten bereit, um in einem Staffettenlauf das

Serum nach Nome zu bringen.

Am 26. Januar verließ das zehn Kilo schwere, gut isolierte Paket Anchorage, schon am nächsten Tag, noch vor Mitternacht, stürmte das erste Gespann in Nenana los. 1100 Kilometer verschneite Taiga und windgepeitschte Tundra lagen vor Mensch und Tier. Trotz heftiger Schneestürme erreichte das Serum nur fünfeinhalb Tage später Nome und die Epidemie konnte gestoppt werden.

Geboren aus Langeweile in der wenig ereignisreichen Winterzeit avancierte der Schlittenhundesport zum Nationalsport Alaskas. Neben dem Iditarod ist das Yukon Quest eine weitere sportliche Großveranstaltung in Nordamerika. Das Quest ist ein länderübergreifendes Rennen von 1000 Meilen von Alaska nach Kanada. Gestartet wird abwechselnd in Fairbanks und in Whitehorse. Unter Mushern wird es als härtestes Hundeschlittenrennen der Welt gehandelt. Auf dem Trail sind mehrmals große Höhenunterschiede zu bewältigen, die Temperaturen können ins Bodenlose fallen und das Reglement ist streng. Daneben gibt es zahlreiche regionale und lokale Rennen, die vor allem für die Natives große Bedeutung haben. Auch Hubert hat einige Rennerfolge zu verzeichnen, zum Beispiel beim »Bethel Classics 30 Mile« und dem »Yukon – Innoko 200 Mile«.

Von links nach rechts: Martin Buser, Ramy Brooks und Charly Boulding, die zu den bekanntesten und erfolgreichsten Mushern Alaskas gehören, bei der Trailbesprechung.

Mit einem Team von 16 Hunden wird in Anchorage gestartet. Die Ziellinie in Nome muss mit mindestens fünf Hunden überlaufen werden. Verletzte oder müde Hunde werden aus dem Rennen genommen und per Flugzeug ins Gefängnis in Eagle River gebracht, wo sie, bis sie abgeholt werden, von Häftlingen bestens betreut werden.

Oben:
**Rafting im verzweigten
Susitna River System. Ein
beliebter Freizeitspaß mit
grandiosem Blick zum Mount
McKinley nahe des alten
Goldgräberstädtchens
Talkeetna, das heute Treff-
punkt der Bergsteiger für
die McKinley-Besteigung ist.**

Rechts:
**Straßen der Einsamkeit, die
in die Wildnis führen, gibt
es in Alaska viele. Wie die
Petersville Road sind einige
dieser Straßen durch den
Abbau von Bodenschätzen
entstanden.**

Seite 78/79:
Ein Meer aus schneebedeckten Gipfeln. Die Alaska Range bildet die Südgrenze von Zentralalaska. Von mehreren Plätzen am Parks Highway aus ist sie zu sehen.

Links:
Auf den 85 Meilen vom Eingang des Denali National Park bis zum Wonder Lake ist es keine Seltenheit, dass ein Wolf die Straße überquert.

»CAMAI« – WILLKOMMEN AUF YUPIK-ESKIMO

Im Südwesten Alaskas, dort wo der Kuskokwim, der zweitgrößte Fluss des Landes, fließt und die Beringsee nährt. Wo Wasser die ebene, unüberschaubare Tundra wie ein Spinnennetz durchzieht und der Himmel der Erdoberfläche näher scheint. Dort ist die Heimat der Yupik-Eskimos, Menschen, deren Wurzeln tief mit dem Land verbunden sind. Menschen, die von und mit diesem Land leben. Bedingungslos ist die Erkenntnis, dass man Vorbereitungen treffen muss und zugleich auf das Unerkennbare vorbereitet sein muss. Upterrleinarluta – immer bereit sein. Bereit sein für den Lachs, der in die Flüsse zieht, für die Karibu, die über die Berge kommen, für die Beeren, die im Spätsommer die Tundra mit ihrer Süße überschwemmen. Und für die Gänse, Enten und Vögel, die nach dem langen von Stürmen heimgesuchten Winter den Himmel mit ihren Rufen zu neuem Leben erwecken.

Dieses Leben spiegelt sich in ihren Tänzen wider, in ihren Gesängen und in ihren Trommeln. Kulturelles Erbe wird von Generation zu Generation weitergegeben. Gelehrt und gelernt in einsamen Winternächten in ihren kleinen Hütten oder Gemeinschaftshäusern der Dörfer.

Auch heute noch nutzen einige Eskimos den Hundeschlitten als Transportmittel am Kuskokwim, dem zweitgrößten Fluss Alaskas.

Jede Bewegung ihrer Hände, die Mimik, die Bekleidung deutet auf jahrhundertealte Tradition.

Einmal im Jahr, wenn die Rufe der Wildgänse noch weit entfernt sind, da treibt der Wind die Gesänge der Yupik-Eskimos über die weite Tundra. Menschen aus verschiedenen Dörfern von der Küste, an den Flüssen oder vom Inneren des Landes kommen zusammen. Erzählen ihre Geschichten, ihre Erlebnisse lang vergangener Jagden, aber auch Geschehnisse jüngster Zeit. Teilen ihre Freude am Gesang und Tanz.

BETHEL

Der Wind bläst uns fast von der Flugzeugtreppe. Tief hängen die Wolken, bedrohliche Schichten ineinander verhangen. Wasserpfützen überall, es regnet gerade nicht. Ankunft, Abflug und Gepäckausgabe in einem Raum, der ziemlich voll ist. Weiße und Yupik-Eskimos, so nehme ich an. 60 Prozent der Einwohner Bethels sind Yupik-Eskimos und zumindest ein Athabasken-Indianer lebt hier, 68 Jahre alt, namens James. Mit ihm werden wir viel zusammenarbeiten.

Vorerst sehe ich aber niemanden, der auf uns wartet. Ich schaue mal zum Ausgang raus. Einige Taxis, reges Treiben beim Ein- und Ausladen und viel Wind. Hubert

hat Gesellschaft bekommen. Man hat uns doch nicht vergessen! Bruce, ein Freund von Myron, dem Besitzer der Hunde, die wir trainieren und versorgen werden, ist da. Roger ist mit demselben Flugzeug gekommen und wird für drei Wochen Karibu und Elch jagen. Er, nun pensioniert, war Myrons Lehrer und wird uns die ersten Tage Gesellschaft leisten, uns in das Leben in Bethel einführen.

Jeder packt mit an und wir steuern auf das Auto zu. Ein älterer Mann, sehr braunes, markantes Gesicht, nimmt meinen Rucksack und folgt uns. Okay, abhauen kann er ja nicht, wahrscheinlich wird er auf Trinkgeld aus sein. Das sind wir von Afrika gewohnt. Als er dann mit ins Auto steigt, ist mir klar: Das ist James, der Athabasken-Indianer. Oh Boy, ich weiß nur, dass Athabasken eigentlich keine Weißen mögen.

Die Straße vom Flughafen ins Zentrum ist eine halbe Katastrophe, uneben und übersät mit Bodenrillen. Rechts und links Tundra, die sich ein wenig einzufärben beginnt. Flach wie ein großer Teller, weit und breit nichts, das auf Berge oder Hügel hindeutet. Oder haben die Regenwolken alles verschluckt?

Immer wieder fahren wir an Häusern vorbei mit jeder Menge Gerümpel davor, dahinter, auf jeder Seite, überall. Die Häuser selbst wirken eher wie, ja wie eigentlich? Europäische Gedanken einmal weg – vielleicht wie ältere, nicht mehr so gepflegte Geräteschuppen. Aber innen kann es ja recht komfortabel aussehen. Vorstellen kann ich es mir nicht so recht. Links das Hospital, rechts das neue Gesundheitszentrum. Hotel und ein Museum sind vorhanden. Die meisten Bauten sind auf Stelzen gebaut

Das Land der Yupik-Eskimos, im Südwesten Alaskas, wo kein Strauch, kein Baum und kein Hügel die unendlich scheinende Ebene der Tundra durchbricht.

Ganz links:
Tagelang anhaltende Blizzards, die über Bethel hinwegfegen, legen oft das gesamte kommunale Leben lahm. Der Flugverkehr wird eingestellt, Schulen geschlossen und nur wer wirklich muss, verlässt das Haus.

Links:
Nur mehr an besonderen Tagen trägt Abu ihren mit Perlen besticken und mit Pelz besetzten Winterparka.

Beim Camai Dance Festival verkaufen die Frauen Biberfellmützen und -handschuhe, Kopfschmuck für die traditionellen Tänze und Schnitzereien, die ihre Familien in den langen Wintermonaten angefertigt haben.

Die ältere Generation genießt die noch ein wenig wärmenden Sonnenstrahlen auf der Veranda ihrer oft einfachen Behausungen. Das Wort Zeit hat hier eine andere Bedeutung.

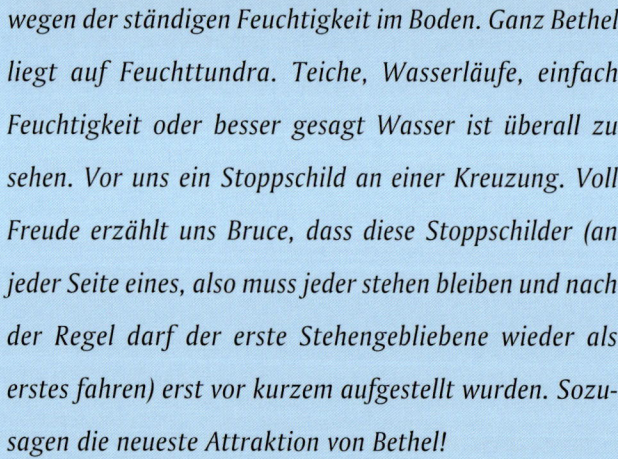

wegen der ständigen Feuchtigkeit im Boden. Ganz Bethel liegt auf Feuchttundra. Teiche, Wasserläufe, einfach Feuchtigkeit oder besser gesagt Wasser ist überall zu sehen. Vor uns ein Stoppschild an einer Kreuzung. Voll Freude erzählt uns Bruce, dass diese Stoppschilder (an jeder Seite eines, also muss jeder stehen bleiben und nach der Regel darf der erste Stehengebliebene wieder als erstes fahren) erst vor kurzem aufgestellt wurden. Sozusagen die neueste Attraktion von Bethel!

Wir sind nun in Downtown. Kaufhaus für Lebensmittel zur Rechten, daneben das Postamt. Links einige kleine Restaurants. Sehen genauso aus wie die anderen Häuser. Reingehen und ausprobieren scheint die einzige Möglichkeit, herauszufinden, wie es wirklich ist. Die wenigen Nebenstraßen sind nicht asphaltiert und dementsprechend in miserablem Zustand. Löcher, gefüllt mit Wasser, oft nur im Schneckentempo zu befahren. Mir fallen die großen, bunt bemalten Müllcontainer auf. Schwere metallene

Würfel, fast in jeder Straße einer. Warum liegt dann so viel Müll rund um die Häuser? Nichts wegwerfen, man könnte ja gerade dieses Teil vielleicht einmal brauchen, bevor sie dieses aber finden, kaufen sie wahrscheinlich ein neues. Nur weg mit meinen österreichischen Sauberkeitsgedanken. Du bist in einer anderen Welt. Eine Welt, die sich ganz und gar nicht mit der europäischen Beton- und Ordnungswelt vereinbaren lässt. Wie kann man hier nur leben wollen und auch noch zufrieden sein?

Ich sollte mich täuschen. Bethel ist etwas Besonderes, das ich bei meiner Ankunft noch nicht verstand und sehen konnte. Nicht nur die Stadt hat ein besonderes Flair, vor allem die Menschen sind besonders. Noch nie hatten wir so viele nette Leute auf einem Flecken kennen gelernt. Und freundlich sind sie alle, egal welcher Hautfarbe sie angehören. Sie geben uns von Anfang an das Gefühl, dazu zu gehören. In vielen Häusern gehen wir bald ein und aus, aus vielen Bekannten werden Freunde.

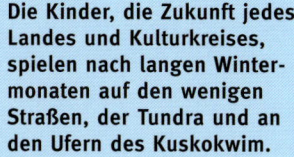

Die Kinder, die Zukunft jedes Landes und Kulturkreises, spielen nach langen Wintermonaten auf den wenigen Straßen, der Tundra und an den Ufern des Kuskokwim.

JAMES

»Look for geesefood, take a ride« – James' Lieblingsbeschäftigung. Früher ist er selber mit dem Truck gefahren. An einem Winterabend fuhr er mit dem Schneemobil zu schnell durch die Stadt – und ein wenig betrunken. Seitdem ist der Führerschein weg. Für diesen Winter hat er ja einen Chauffeur. Er kann aber auch ganz schön nerven. Wenn er leise ins Haus schleicht, um zu fragen »Was machst du, hast du etwas zu tun – nichts?«, kann ich förmlich in seinen Augen ablesen: »take a ride«, wir können ja irgendetwas checken.

Immer wieder hebt James seine Hand, winkt einem Fußgänger zu, »my budy – mein Freund« ist dann seine Erklärung. Freunde scheint er jede Menge zu haben. Gerade hat er wieder mal zum Fenster rausgespuckt. Copenhagen – seine Kautabakmarke. Kautabak scheint ein weit verbreitetes Genussmittel hier in Bethel zu sein.

Erste Station: »Swanson's Lebensmittel und alles andere Kaufhaus«. Swanson, so scheint mir, versorgt ganz Bethel und umliegende Dörfer mit allem. Von der »Carhartt«, der Jeans für den Arbeiter, bis zur Banane aus der Obstabteilung. Gegenüber im Nebenhaus: Werkzeug, Schrauben, Waffen. Im anderen Gebäude: Fourwheeler und Schneemobile. Swanson hat sogar einmal ein Theater betrieben, heute erinnert nur mehr eine weiße Schrift auf einem großen Haus, von dem die rote Farbe abblättert, daran.

Checken wir doch gleich das Boot am Slough. Von der Brücke aus sehen wir die Boote, viele Menschen kommen von den Dörfern flussaufwärts oder flussabwärts, wo sie in der Wildnis am Fluss leben. Der Fluss als Lebensader und Transportweg. Auch James' Boot liegt am Ufer. Letztes Mal sahen wir einen großen Lastkahn mit dem Namen Northland. Container über Container und weit oben drauf ein Schulbus, andere Autos und sogar ein

Einen Elch oder vier Karibus muss eine vierköpfige Familie während der Jagdzeit erlegen, um ohne Mangelerscheinungen über den Winter zu kommen. Auch wenn sie heute Lebensmittel im Laden zukaufen können, bleibt Fleisch ein Hauptbestandteil ihrer Mahlzeit.

großer Caterpillar, gleich daneben ein kleines Fertighaus. Unvorstellbar, was alles auf dem Fluss transportiert wird. Als wir beide zur Northland blicken, meint James ganz nebenbei, hier könne man manchmal Fische fangen.

ROSE

Mittwoch ist Leftover-Night. Größtenteils Nachbarn, Freunde und Bekannte treffen sich ab 7 Uhr bei Paul und Carry zu einem ganz besonderen Abendessen. Jeder bringt Reste (leftover) vom Vortagsessen mit, alles wird zu einer Art Büfett aufgebaut und jeder nimmt sich, worauf er gerade Lust hat. Kann einer einmal nicht mit Restessen aufwarten, so bringt er einen Kuchen oder ein Eis als Dessert mit. Wir finden diese Idee grandios, die in den Wintermonaten eine Art der Gesellschaftspflege darstellt. Vor allem gibt es keinen Zwang und kein Muss. Jeder kann selbst entscheiden, wie lang er bleibt, ob die ganze Familie kommt oder nur ein Teil. So gibt es fast jede Woche eine andere Zusammensetzung der munteren Schar, die stets eine Menge Spaß hat.

Diesmal treffen wir Rose, Jerry und ihre beiden Mädchen. Besonders Rose hat es uns angetan. Diese zierliche

Yupik-Frau mit den dunkeln Locken ist die Direktorin des hiesigen Gefängnisses, die einzige Native-Gefängnisdirektorin in Alaska! Wie sie uns am nächsten Tag beim Rundgang durch das Gefängnis erzählt, hatte sie zuvor vier Jahre als Wärterin gearbeitet und nur durch ihren großen Ehrgeiz und Fleiß diesen Sprung auf der Karriereleiter geschafft. Stolz präsentiert sie uns die »Gefängnisbibel«, ein großes Buch in dem alle Richtlinien und Vorgangsweisen aufgeführt sind. Den Teil »Wie wird ein 'potlatch', den ein Gefangener mit seiner Familie und Freunden abhält, organisiert« hat sie neu überarbeitet und erweitert.

Ein 'potlatch' ist ein Oberbegriff für traditionelle Feiern des Teilens innerhalb eines Dorfes und zwischen den Dörfern, die viele Generationen zurückreichen. Wenn ein Junge zum Jäger wird, indem er seinen ersten Vogel oder ein anderes Kleintier erlegt hat, oder ein Mädchen, das zum ersten Mal zum Beerenpflücken war oder eine andere Frauenarbeit übernommen hat, sind zum Beispiel Anlass für die Abhaltung einer solchen Festivität, bei der die Familien ihr Kind mit großem Stolz der Dorfgemeinschaft präsentieren. Dabei entsteht eine Art Wettbewerb zwischen den Dörfern. Die Vorbereitungen können Monate dauern, in früheren Tagen noch mehr als heute. Für die Verpflegung der Gäste muss gejagt werden, und unter anderem Eskimo-Eiscreme – eine gefrorene Mischung aus Robbenöl oder Rentiertalg (heute wird meist Pflanzenfett mit etwas Zucker verwendet), Schnee und halb gefrorenen Beeren – hergestellt werden. In einigen Regionen werden sogar gekochter Weißfisch oder Hecht beigemengt. Aber vor allem die Herstellung der Geschenke, wie Tierhaut oder Fellbekleidung brauchte mehr Zeit. Heute haben sich diese Geschenke dem modernen Leben angepasst und neben Gewehren und aufwändig bestickten Parkas mit Kopfschmuck, die bei den traditionellen Tänzen getragen werden, können Fernsehgeräte und Güter des täglichen

Bedarfs verschenkt werden. Den wahren 'spirit' eines 'potlatch' kann man kaum mit Worten erklären, selbst wenn man die Ehre hat, einer solchen Festivität beizuwohnen, bleibt ein Großteil ihrer Tänze und Gesänge für unseren Kulturkreis schlichtweg faszinierend unverständlich.

SUBSISTENCE LIFE

In den letzten Jahrzehnten lebten die Yupik-people in einer Kultur rapider Entwicklung, wie Motorisierung, Geldwirtschaft, Grundbesitz und der Interessensdruck an natürlichen Ressourcen von außen. Sie lernten Telefon und Fernsehen kennen, in jedem Dorf wurde ein Spital gebaut und eine Highschool. Der Preis, den sie dafür zahlten ist schwer zu bemessen. Soziale Probleme wie Selbstmord, Gewalt in der Familie und Alkoholismus sind heute noch, teilweise entmutigend stark, vertreten.

Die Yupik selbst sagen, das Festhalten am Alten sei nicht dasselbe, wie eine feste spirituelle Verbindung mit der Vergangenheit. Deshalb ist nicht die Veränderung selbst, sondern der rasche Übergang der Grund für ihre Desorientierung. Die Herausforderung, der diese Menschen ins Auge sehen müssen, ist nicht das Standhaftbleiben gegen jegliche Veränderung, sondern vielmehr standhaft zu bleiben gegenüber Veränderungen, die ihre Lebensphilosophie und ihr 'subsistence life' – Jagen und Leben für den täglichen Bedarf – bedrohen.

Die Yupik sind der Auffassung, dass die 'subsistence'-Aktivitäten den Kindern weit mehr als nur jagen und fischen lehren. Sie vermitteln ihnen ein gebührendes Verhalten gegenüber dem Land, dem Wasser, den Tieren und den anderen Menschen, fördern die Zufriedenheit aus harter Arbeit und leisten einen Beitrag für die ganze Sippe. Für viele Yupik geht 'subsistence' weit über wirtschaftliches Denken hinaus – es ist eine unbedingt notwendige Lebensweise und eine Quelle für Stolz und Identität.

Das Boot – wichtigstes Transportmittel hier im Südwesten Alaskas – kommt auch während der Jagdsaison zum Einsatz. Viel wichtiger als die Trophäe ist das Fleisch für die Eskimos, um gekräftigt über den Winter zu kommen.

Lachs wird noch immer traditionell verarbeitet. Stolz präsentiert diese Familie ihren Fang, der zum Trocknen unter dem Vordach aufgehängt ist.

Elene Fox kommt mit ihren 80 Jahren auch im Winter noch immer an den Kuskokwim, um ihre Fische zu fangen. Aalquappe schmeckt besonders gut, erzählte sie uns.

Der Athabasken-Indianer James geht im Winter auf Biberjagd. Das Fleisch, auch für ihn eine Delikatesse, teilt er mit den Schlittenhunden. Die Felle bringt er im Frühjahr nach Anchorage zum Gerben.

Elchschinken werden vorerst im Freien aufgehängt, bevor sie sich in saftige Elchsteaks, Würste und Mooseburger verwandeln.

Nur für Subsistence ist die Netzfischerei erlaubt. Was im Sommer wie eine Spazierfahrt, ist im Winter Schwerstarbeit. Mit Hilfe eines langen Stockes wird durch zwei ins Eis gehackte Löcher das Netz unter dem Eis gespannt.

Den Hatcher Pass kann man von Palmer und von Willow aus erreichen. In manchen Jahren kann die Straße an der Nordseite bis weit in den Juni hinein noch mit größeren Schneemengen blockiert sein.

Das weit verzweigte Trail-
system um den Hatcher Pass
macht Wandern zum Genuss
und als Belohnung warten
Ausblicke auf die Talkeetna
und Chugach Mountains.

Unberührte Wildnis – der hohe Norden

Die Küste der Beringsee hinauf bis zur Seward-Halbinsel ist die Heimat der Eskimos. Hier mündet der Yukon River mit einem weit verzweigten Delta ins Meer. Die Goldgräberstadt Nome ist die größte Siedlung dieser Region.

Das Landesinnere (Zentral-Alaska) liegt eingebettet zwischen der Brooks Range im Norden und der Alaska Range im Süden. Das Gebiet der Athabasken-Indianer wird von großen Flüssen wie Yukon, Porcupine, Tanana und dem Koyukuk River durchzogen und vom Mount McKinley bewacht. Das Versorgungs- und Verwaltungszentrum ist Fairbanks, gleich dahinter enden alle Straßen, nur der Dalton Highway ist die einzige Verbindung in den hohen Norden.

Die Arktis umfasst das Gebiet von der Brooks Range nördlich des Polarkreises bis hin zu den Stränden des Nordmeers. Schnell fließende Wildflüsse wie Noatak, Kobuk und Colville River sind die Verkehrsadern durch die unbewohnte Wildnis. Barrow, Point Hope und Kotzebue, das Versorgungszentrum der südlichen Arktis, sind die größeren unter den wenigen bewohnten Siedlungen. Der kurze Sommer taut die tief gefrorene Erdkruste nur an der Oberfläche für einige Wochen auf, gerade lange genug für die anspruchslosen Flechten, Moose und Gräser. Hier ist die Heimat der großen Karibuherden, Polarfüchse und Schneehasen.

In besonders guten Beerenjahren, wenn Blau- und Preiselbeeren die Tundra in einen blauen und roten Teppich verwandeln, können wir auch auf viele Bären – Schwarz- und Braunbären – treffen.

Oben und rechts:
Winter, aber nicht wie wir ihn kennen. Über ein halbes Jahr lang mit Temperaturen bis minus 50°C und Dunkelheit in der Polarnacht, wenn die Sonne für mehrere Wochen nicht über den Horizont kommt.

Links:
Nur ein kleiner Teil der Western Arctic Herde, die bis zu 100 000 Tiere zählen kann, überquert den Kobuk River.

Linke Seite:
In dieser unendlichen Weite scheinen Horizont und Himmel miteinander zu verschmelzen.

Mitte August und der Winter hat Einzug gehalten in der North Slope am Galbraith Lake, Meile 275 am Dalton Highway.

Der Winter verrät die Geheimnisse der Wildnis. Selbst so etwas Ungreifbares wie der Flügelschlag eines Ptarmigans (Schneehuhn) bleibt im Schnee nicht verborgen.

Oben:
Alaska ist ein Land der Extreme. Das merkt man schon bei kleinen Wanderungen. Immer wieder müssen Flüsse mit eiskaltem Wasser durchquert werden. Hier in der Brooks Range.

Ist der Weg auch noch so
beschwerlich – durch fast
undurchdringliches Weiden-
gebüsch, ein Labyrinth aus
umgestürzten Bäumen,
schmatzendes Moos, das die
Füße zu verschlingen droht,
und steile mit langem Gras
bewachsene Hänge, die
sich als reinste Rutschpartie
präsentieren – oben ange-
kommen, ist das Panorama
einfach grandios.

DEM LEBEN AUF DER SPUR – AUSSTIEG IN DIE WILDNIS

Rechts:
Stechmücken, unsere ständigen Begleiter, erschwerten uns die Arbeit mit dem Schälmesser beim Abrinden der Baumstämme im dichten Wald. Nur das Moskitonetz schützte uns vor den bösartigen Angriffen der Blutsauger.

»Ich zog in die Wälder, denn ich wollte dem Leben auf die Spur kommen, dem wirklichen Leben ...«

Ganz sanft hatte Joe's Maschine, eine Cessna 185, auf dem tief verschneiten Kobuk-Fluss aufgesetzt, nachdem wir über zwei Stunden von Fairbanks aus immer weiter in den Norden vorgedrungen waren. Weiß und schwarz in allen Schattierungen hatte sich die Landschaft unter uns dargeboten. Doch sie war nicht kalt und abweisend, die Sonne ließ die Schneedecke glitzern, als wäre das Land in einen Teppich aus Edelsteinen gehüllt. Zahlreiche Berggipfel, die den Beginn der gewaltigen Brooks Range markieren, wachten wie weißblaue Riesen darüber. Ungewohnte Kälte schlug uns ins Gesicht, denn in Fairbanks war schon der Frühling eingekehrt gewesen.

DER HAUSBAU

Ein Jahr lang wollten wir hier leben und somit auch überwintern. Obwohl der Winter noch im Lande war, würde es nicht lange dauern, bis er wieder mit seiner vollen Macht zurückkehren würde. Nur im Schutze einer Hütte konnten wir den Winter überleben. So verrückt es klingen mag, es war keine Zeit zu verlieren. An die 50 Bäume mussten gefällt, entästet, entrindet und zum Bauplatz gebracht werden. Hubert erwies sich erstaunlicherweise als richtiger Holzfäller, wenn ich daran denke, wie er sich die Kenntnisse dafür angeeignet hatte. Etwa vierzehn Tage vor unserem Abflug nach Alaska bat er einen Freund, ihm doch zu zeigen, wie man eine Motorsäge startet und einen Baum fällt.

Rechts:
Schon bald zeigten sich erste Ermüdungserscheinungen durch die oft 14 Stunden harter Arbeit. Hubert konnte des Öfteren am Morgen seine Handflächen nicht öffnen, zu verkrampft waren die Sehnen und Muskeln.

Wir hatten uns für eine echte »Sourdough-Cabin« entschieden, eine Hütte wie sie von den ersten Siedlern, Trappern und Prospektoren schon vor mehr als hundert Jahren gebaut wurde. Auf die vier mit Steinen gefüllten Schlitze im Boden legten wir die erste Runde aus den stärksten Stämmen. Nun kam das neben der Motorsäge und der Axt für den Blockhausbau wichtigste Werkzeug zum Einsatz – eine Art Reißahle. Das ist eine Art Zirkel, mit dem wir die Maße des unteren Stammes auf den oberen übertragen und einritzen konnten. Doch die Spitze ritzte das Holz nur leicht an, so dass der entstandene Halbkreis nicht gut sichtbar war. Ich musste ihn mit einem dicken schwarzen Stift nachziehen, sonst wäre er beim Arbeiten mit der Motorsäge nicht zu erkennen gewesen und all zu leicht hätte Hubert zu weit in den Stamm geschnitten. Der Stamm wurde nun gewendet und mit zwei Klampfen befestigt, so konnte der Baumstamm nicht verrutschen und wir sicher arbeiten.

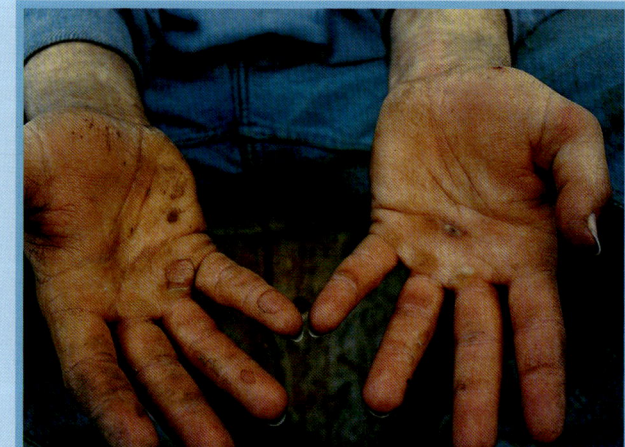

Die Kerbe für den Verbindungszapfen eines Querbalkens der Fußbodenkonstruktion wird mit dem Meißel passgenau herausgearbeitet.

Ganz einfach! Tür- und Fensteröffnungen werden aus der fertigen Wand mit der Motorsäge herausgeschnitten.

Unsere schwere Holztüre braucht für die Aufhängung einen massiven Kegel. Das x-malige Anpassen und Überarbeiten erinnert schon fast an ausgefeilte Schnitzkunst.

Auch wenn die Hütte schon beziehbar ist, geht uns die Arbeit noch lange nicht aus. Für den langen, arktischen Winter gab es noch viele Vorbereitungen zu treffen und immer wieder schlich sich das Gefühl ein, nicht rechtzeitig fertig zu werden.

Hubert begann innerhalb der markierten Fläche senkrechte Keile einzuschneiden, die er dann mit der Axt heraushieb. Noch einmal schnitt er kreuz und quer ein und hackte den Rest heraus. Erst jetzt kam die Feinarbeit an die Reihe. Mit Hilfe der Motorsäge wurde die Kerbe nun »ausgeputzt«, schön rund und passend ausgesägt. Wer nun meint, dies sei keine Kunst, dem sei gesagt, dass die Überraschung erst noch folgte. Denn erst nach dem Zurückdrehen des Baumstammes erkannten wir, ob unsere beiden Kerben tatsächlich passten. An einigen Stellen saß er gut, an anderen wieder musste noch etwas weggenommen werden. Ein Hin- und Herdrehen und Probieren begann. Endlich umschloss die Kerbe den Stamm fast perfekt. Die zwei bis drei Zentimeter großen Abstände zwischen den Baumstämmen wurden mit Moos als Dämmstoff gefüllt. Die Arbeit ging uns gut von der Hand, denn die Wände sollten so schnell wie möglich »in den Himmel wachsen«.

8°C zeigte das Thermometer und die Moskitos waren wie vom Affen gebissen. Die Minusgrade in der Nacht hatten ihnen nichts anhaben können. Leider! Hubert hatte sogar schon zwei verschluckt, weil es einfach unmöglich war, ihnen immer auszuweichen. Gerade wenn wir keine Hand frei hatten, waren sie am zahlreichsten

Rechts:
Lange ließ der Winter nicht mehr auf sich warten und wir waren froh, in das komfortablere und vor allem wärmere Blockhaus einzuziehen.

und unbarmherzigsten. Dann mussten wir oft zusehen, wie sie ihre Rüssel in die Haut bohrten, ihre Körper mehr und mehr anschwollen und sich blutrot färbten. Zwischendurch, als die Plagegeister trotz Moskitoschutz nicht mehr zu ertragen waren, flüchteten wir für eine kurze Auszeit auf eine Sandbank des Kobuk-Flusses.

Nur mehr wenige Sonnenstrahlen fielen in unser Tal. So genossen wir es, die Wärme dieser letzten Sonnenstunden in uns aufzunehmen.

Rechts:
Das Herzstück unserer Cabin: ein altes, verrostetes Benzinfass, das zu einem Ofen umfunktioniert wurde.

Für das Dach brauchten wir circa 150 Rundlinge. Wir wollten dafür abgestorbene Bäume von etwa zehn, zwölf Zentimetern Durchmesser verwenden. Nachdem wir die Äste abgehackt hatten, schnitten wir sie auf 3,90 Meter ab, so würden sie etwa einen halben Meter überstehen und wir hätten einen geschützten Platz zum Lagern des Brennholzes. Um unsere »Holzdecke« hell und freundlich zu gestalten, hatten wir uns entschlossen, die Rundlinge abzurinden.

»Zimmermann« Hubert nahm die Stämme entgegen, die ich ihm hochreichte. Anfangs versuchten wir darauf zu achten, dass sie genau zueinander passten: Wo der eine einen Buckel machte, musste sein Nachbar eine Delle haben. War einer krumm, wurde er zur Seite gelegt. Aber wenn wir so wirtschaften würden, müssten wir noch einen halben Wald herbeischaffen! So mühten wir uns bloß, den Abstand zwischen zwei Rundlingen so gering wie möglich zu halten. Doch mit dem Auflegen allein war unser Dach noch nicht fertig, jeder Stamm musste an den Pfosten der Dachkonstruktion angenagelt werden, und zwar viermal. Die speziellen Nägel sind nicht nur sehr

lang, sondern auch sehr weich. So blieb uns nichts anderes übrig, als jedes Loch mit einem kleinen Handbohrer vorzubohren, um die Nägel einigermaßen gerade in den Stamm zu bekommen. Keine schwierige, aber eine sehr langwierige Beschäftigung.

Alle Stämme waren angenagelt und die schwarze Folie, die vor Nässe schützen sollte, hatten wir aufgelegt. Nun stand der »Dacheindeckung« nichts mehr im Wege. Dazu mussten wir aber erst Sod herbeischaffen. An den hohen Uferböschungen wollten wir uns die herunterhängenden Matten holen. Sie waren relativ leicht abzuhacken, manche ergaben mehr als einen Quadratmeter. Die Natur litt

NATURSCHAUSPIELE UND TÜRPROBLEME

Doch das machte uns nichts aus, denn die Natur hatte ein einmaliges Schauspiel für uns vorbereitet: Gold, Gelb, Orange, Rot, Rost, dazwischen dunkles Grün. Der Indian Summer hatte seine atemberaubende, aber vergängliche Schönheit über Hänge und Täler gebreitet. Als ob zahlreiche Farbtöpfe umgeworfen worden wären. Jeder Baum, jeder Strauch, jeder Grashalm trug zu diesem farbenprächtigen Gemälde bei.

Die Tür und die Fenster sollten herausgeschnitten werden, aber so ruck zuck, wie wir uns das vorgestellt hatten, ging es dann doch nicht, denn waren die Stämme einmal herausgeschnitten, würde ein Loch bleiben. Es wurde gemessen, diskutiert und nochmals gemessen. Die Fensterrahmen wollten wir aus den mitgebrachten, schmalen Brettern schneiden, die uns noch als Messlatten dienten. Die »Scheiben« aus doppelt genommener Folie würden wir mit winzigen Nägeln einsetzen, die Luftkammer dazwischen sollte dabei als Wärmeisolierung dienen.

Unsere Haustür war ein eigenes Kapitel. Die ursprüngliche Idee, ganze Rundlinge zu verwenden, hatten wir längst verworfen, denn sie würde dadurch viel zu schwer werden. Wir halbierten die Stämme der Länge nach, um zumindest im Hütteninneren den Eindruck von Brettern zu erreichen. Die mitgebrachten Scharniere wa-

fast keinen Schaden, da beim nächsten Eisbruch diese Sodpolster sowieso mitgerissen würden. Solche, die in der Luft hingen, waren besonders praktisch, weil sie nicht so viel Erde enthielten und damit leichter zu transportieren waren. Um sie vom Boot zur Hütte zu bringen, hatten wir die kleinere Leiter zur Trage umfunktioniert. Im Camp wurden sie dann auf spitze Wurzeln und Zweige untersucht, damit sie nicht unsere Folie beschädigten. Die Dachdeckung ging gut voran, doch immer wieder mussten wir feststellen, dass noch eine Bootsladung fehlte und dann noch eine.

Unten links:
Wärme, Schutz und Nahrung – reduziert auf die elementaren Dinge des Lebens verbrachten wir hier 17 Monate und genossen jede Minute.

Unten:
Dass der Winter nur eine kalte, abweisende Seite hat, widerlegt er selbst durch die unvergleichlich filigrane Kunst der zarten Eisblumen an unserem Fenster.

Rechts:
Ständig waren wir Suchende. Schon früh morgens verließen wir unser Camp für Tierbeobachtungen, so wie hier auf der Fotopirsch nach Elchen.

ren zu schwach für unsere wuchtige Tür. So »zimmerten« wir unsere eigenen Holzkegel mit Zapfen an die Hüttenwand und das Pedant an die Tür. Als »Türklinke« hatten wir ein Karibugeweih montiert. Bushstyle eben!

Unser Bett hatten wir auf einer Höhe von etwa eineinhalb Metern errichtet. Auf dicken Beinen hatten wir eine Liegefläche aus Rundlingen gezimmert. Der Platz darunter gab einen tollen Stauraum für Kleidung, Nahrungsmittel und Ausrüstung ab. Da wir nun schon mal beim »Möbelbasteln« waren, richteten wir die Küche ein. Ein langes, breites Bord in Ofennähe war für Lebensmittel, die gekocht werden mussten. Andere Nahrungsmittel sollten auf die Borde an der gegenüberliegenden Wand kommen. Zu diesem Zweck musste ich alles in starke Plastikbehälter und Blechdosen füllen. Denn Papier, Karton und Plastiksäcke würden für die Mäuse kein Hindernis sein, obwohl wir nicht glauben konnten, dass sie die Wand hochklettern würden! Alles was nicht unbedingt stehen musste oder einen Henkel hatte, wurde an die Wand gehängt: Pfannen, Tassen, Schneidbrett... Das Essbesteck kam in einer Dose auf den Tisch. Alles war griffbereit und schnell zur Hand. Unsere »Küche« sah einfach super aus.

Die Wärme des Ofens, der aus zwei alten Benzinfässern zusammengebaut war und auf Steinen zum Schutz für den Boden thronte, wollten wir mit einem Bord für das Trocknen der nassen Schuhe nützen. Das Bücher-

Unten:
In zahlreichen Windungen schlängelt sich der Beaver Creek durch sein Tal. Erst aus der Vogelperspektive erkennen wir, dass wir trotz vieler Flusskilometer nicht allzu weit gekommen sind.

Unten Mitte:
Hier im Tal des Mauneluk River hofften wir, das Glück zu haben, noch einmal auf die Nomaden des Nordens, die Karibus, zu stoßen.

Unten rechts:
Indian Summer: Gelb, Safran, Goldgelb, Orange, Gold, ... unbeschreiblich.

regal hatten wir schon vor Tagen als unsere erste Einrichtung montiert. An derselben Wand wollten wir noch ein paar Regale anbringen für unsere »Schreibtischutensilien« und dieses und jenes. Über die Ecke hatten wir noch ein Netz gespannt, indem allerhand Leichtes Platz gefunden hatte. Aus den gesammelten Karibugeweihen hatten wir zwei Garderoben geschnitten, Aufhänger für die Wäscheleine und einzelne Haken für Fernglas, Gewehr und Ähnliches. Mit jedem Stück unserer Einrichtung wurde es gemütlicher in unserer Hütte.

Doch die Gemütlichkeit der »Möbel« allein würde nichts nützen, wenn es in der Hütte saukalt war. Das hieß für uns, einen tüchtigen Holzvorrat anlegen. Abgestorbene Bäume, die wir noch fällen konnten, wenn der Schnee hoch lag, hatten wir schon ausgekundschaftet.

heit. Der Raureif hatte die Landschaft in ein faszinierend schönes Märchenland verwandelt. Die Bäume, jeder Ast, jeder noch so kleine Zweig leuchtete in einem strahlenden Weiß vor einem blitzblauen Himmel. Die Sonne ließ sie glitzern, als hätte jemand Christbaumkugeln in die Äste gehängt. Dicke Eisfäden hingen an den Gräsern. Es war uns, als würden wir das feine Geläute kleiner Glocken hören, sobald ein Hauch von Wind sie in Schwingung versetzte. Am Boden funkelte ein Teppich aus winzig kleinen Eiskristallen.

Die Erde war längst gefroren und hatte alles pflanzliche Leben in seiner Winterruhe erstarren lassen. Die muntere Vogelschar hatte sich auf ein paar wenige dezimiert. Nur die Raben, die mit ihrem lauten »Klong-Klong« den ins Land ziehenden Winter ankündigten, beherrschten die Lüfte und sollten uns durch die lange Polarnacht begleiten. Unser Nachbar »Blacky«, der Schwarzbär, hatte sich schon eine Höhle für den Winterschlaf gesucht und die Karibus, die Nomaden des Nordens, die vor einer Woche noch zahlreich in unserem Tal vertreten waren, waren weitergezogen auf der Suche nach Nahrung. Übrig geblieben waren nur unzählige Scharstellen auf der Tundra, wo sie nach Flechten gesucht hatten.

Auf unseren täglichen Erkundungstouren begegneten wir hin und wieder einem Elch. Diese sowieso schon ulkig wirkenden Tiere sahen noch viel komischer aus, wenn sie ihren massigen Körper auf den langen, dünnen Beinen

Vom Hüttenbau war einiges an nicht geeigneten Stämmen übrig geblieben und ein paar tote Bäume hatten wir schon gefällt. Wir mussten sie nun in ofenfertige Stücke schneiden, die dann nur mehr zu spalten waren. Schließlich stapelten sich an zwei Wänden, unter dem Vordach geschützt, die Scheite, dicke für ein lang anhaltendes Feuer und Reste vom »Bauholz« zum Anbrennen. Hubert hatte eine Schachtel Späne gemacht und ich Birkenrinde gesammelt. So waren wir gut für den Winter vorbereitet.

DIE HARTE ZEIT
DES WINTERS

Die Temperaturen waren das erste Mal unter minus 20°C gefallen. Ein Unterschied von mehr als zehn Grad von einem Tag auf den anderen waren nun keine Selten-

Unten:
Jedes Tal birgt seine Geheimnisse und hat seine eigene Schönheit. Nur wer sich Zeit nimmt und mit offenen Augen durch das Land geht, kann diese entdecken.

Unten links:
Blick auf den Minakokosa Lake, einen der schönsten Seen im Gates of the Arctic National Park.

103

Rechts:
Eisfischen. Ich musste nur eineinhalb Meter dickes Eis am See durchstoßen und mit viel Glück konnte ich nach zwei bis drei Stunden bei minus 30°C eine schmackhafte Seeforelle an Land ziehen.

durch einen Meter hohen Schnee trugen. Eines Tages hatten wir ein ganz besonderes Erlebnis:

Als ich so gedankenverloren dahinstapfte, bedeutete Hubert mir zu lauschen: Wolfsgeheul! – hier am Hügel – ganz nahe. Mir lief es kalt über den Rücken. Heulen und Winseln, ein ganzes Rudel, wie weit? Angst stieg in uns hoch, Bilder erschienen vor unserem geistigen Auge, das Fernsehen – fast schon vergessen, dass es eine Flimmer-

Die einzige Möglichkeit, uns im Winter mit Frischfleisch zu versorgen, war unser Kleinkalibergewehr, ein 22er, und unsere Kleintierjagdlizenz. Spruce Grouse (Waldhuhn) war eine willkommene Abwechslung.

Mit Hilfe der Sonne und des Windes hofften wir, unser Fleisch haltbar zu machen. Wir räucherten es traditionell auf einem Trockengestell wie die Athabasken-Indianer.

doch war es Wirklichkeit. Das Heulen war verstummt, nachdem es zuerst näher zu kommen schien, dann jedoch wieder etwas entfernter klang. Nun konnten wir überhaupt nicht mehr sagen, wo sie waren, hatten sie sich entfernt oder umkreisten sie uns schon?

Auf den anderen Winterwanderungen war es meist sehr still und wir sahen oft gar keine Tiere. Dann erinnerten wir uns wieder an die Begegnung mit dem »Frühjahrs-Grizzly«, der uns verfolgte und erst stoppte, als wir mit unserem Großkalibergewehr in die Luft schossen. Oder an die Schwarzbärmutter, die durchs Unterholz tobte, weil sich ihr Junges in unser Camp verirrt hatte. Dass wir die »Eindringlinge« hier in der Wildnis waren, merkten wir auch in unserer Hütte, denn allabendlich hatten wir Besuch. Den Mäusen schien es immer noch wohlig warm in unserem Haus zu sein, wenn sie uns der wohl verdienten Nachtruhe beraubten, obwohl wir morgens minus 17°C im »Wohnzimmer« hatten.

kiste gab – machte seinen Einfluss in unseren Gedanken geltend. Kein Gewehr, nichts, womit wir ordentlich Krachmachen konnten, kein Baum stark genug zum hochklettern, mit dürren, um ein Feuer zu machen, sah es auch nicht gut aus ... Was sollten wir tun?

Hubert ging weiter, wohl war mir nicht dabei. Ich lauschte, mir war, als könnte ich schon das Trippeln von Pfoten im Schnee hören. Ängstlich sah ich in die Runde. Eingekreist von einem Rudel Wölfe – wie im Film – und

Angeln – nicht nur Freizeitspaß, sondern ein Teil unseres Wildnislebens, um ein wenig Abwechslung in unseren kargen Speiseplan zu bringen.

Auch bei frostigen Temperaturen genossen wir es, unser Frühstück am offenen Feuer zu zubereiten und unsere wichtigen Tagebuchaufzeichnungen zu vervollständigen.

Nicht nur die Kälte, sondern auch der Hunger nagte an uns, nachdem die vereinbarte Lieferung im September nicht gekommen war. Hatte unser Pilot uns vergessen? Unsere Lebensmittel wurden knapp. Das getrocknete Elchfleisch schmeckte abscheulich und war wirklich nur für den äußersten Notfall gedacht. Zu dem so lange eingesalzenen Karibufleisch mussten wir uns von Zeit zu Zeit zwingen, zu Hause waren wir schon keine großen Fleischesser gewesen.

Aber um unsere Grundnahrungsmittel wie Mehl, Nudeln, Reis und Bohnen zu sparen, musste es sein, würden sie uns ganz ausgehen, wäre dies tatsächlich grausam für unsere Mägen. Wir hatten so schon wenig Abwechslung. Es war nur gut, dass wir den Sommer über nicht geprasst hatten mit unseren Lebensmitteln und einige Gustostückerl wie Beef Jerky (getrocknetes Rindfleisch), Pepperoniwurst, Kekse, Schokoriegel, Gemüse- und Obstkonserven noch zu unserem Vorrat zählten. So konnten

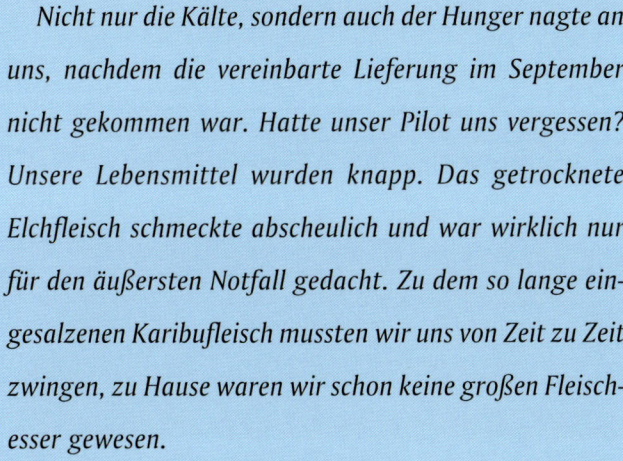

Ein bis zwei Schneeschuhhasen waren ein großer Erfolg für unsere Schlingenfallen. So würden wir gut über den Winter kommen – doch dann entdeckte ein Fuchs unsere Trapline und war immer als erster an den Schlingen.

Nächtlicher Mäusebesuch nagte an unseren Nerven. Die cleveren Mäuse, die unsere Leckerbissen in den Fallen verschmähten, fielen Huberts Treffsicherheit mit dem 22er zum Opfer.

Oben:
**Unterwegs auf den unge-
schützten Hängen der
Brooks Range. Mehrere Tage
benötigten wir, um mit
unseren Schneeschuhen
einen Trail in diese Höhen
anzulegen.**

wir unsere Pancakes, Reispfannen und Bohneneintöpfe mit winzigen Mengen dieser Leckerbissen verfeinern und uns ab und zu eine kleine Nachspeise gönnen. Zum Glück hatten wir noch genug Suppenpulver, so gab es vorweg immer eine kräftige Suppe, um den ersten Hunger zu stillen.

Trotzdem hatten unsere Träume immer mit Essen zu tun. Ich stand wieder in »Fredys« großer Obst- und Gemüseabteilung, wo es von Ananas bis Zucchini die ganze Palette der Gärten gab. Hubert hingegen war meist vor dem Kühlregal mit Joghurt zu finden, in der Hand bereits ein Säckchen mit frischen Donuts. Erst Ende November wurden unsere dringend benötigten Nahrungsmittel eingeflogen und wir konnten uns nach langem wieder einmal so richtig den Bauch voll schlagen.

Rechts und ganz rechts:
**Minus 40°C und noch tiefere
Temperaturen konnten für
unsere ungeschützten Haut-
teile zur größeren Gefahr
werden. Immer wieder
mussten wir uns gegenseitig
auf weiße Flecken in den
stark geröteten Gesichtern
beobachten. Erste Erfrie-
rungserscheinungen.**

DIE SONNE IST ZURÜCK

7. Januar: Die Sonne ist zurück! Im Oali Lake Taleinschnitt war sie für ganze 15 Minuten zu sehen. Es erscheint uns gleich viel wärmer mit der Sonne im Gesicht trotz der minus 44°C. Unsere Umgebung kannten wir nun schon gut, deshalb planten wir eine längere Wanderung. Wir wussten von einer Hütte in den Bergen am Selby Lake. Unsere Ausrüstung war nach beinahe einem Jahr nicht mehr die Beste, so hatten wir auf »wärmere« Temperaturen gewartet und waren vor zwei Tagen bei

Rechts:
**Tägliche Routine beim
Wasser holen am gefrorenen
Kobuk River. Eine Eisstärke
von einem bis eineinhalb
Meter musste ich durch-
brechen, um an das nasse
Element zu kommen. Schnee-
schmelzen war nicht ergiebig
genug.**

minus 20°C losmarschiert. Bald schon begann es zu schneien und eh wir uns versahen, waren wir mitten in einem Blizzard. Um dem gefürchteten »White out« zu entgehen, schlugen wir in einer kleinen Baumgruppe unser Zelt auf. Nun hieß es abwarten. Die Schaufel, die wir mitgenommen hatten, um Schnee rund um unserer Zelt zu schaufeln und so einige Grade wett zu machen, brauchten wir jetzt, um es von den erdrückenden Schneemassen zu befreien. Zwei Nächte und einen ganzen Tag mussten wir in dem kleinen, nicht für diese Temperaturen geeigneten Zelt ohne Ofen ausharren, aber am nächsten Morgen schien die Sonne und die Berge waren zu sehen. Beide waren wir uns ohne Worte einig – wir gehen weiter, umkehren kam nicht in Frage.

Durch den vielen Neuschnee war von unseren Wunschbedingungen, wie windgepresster Schnee auf der Tundra und glattgefegte Seen, nichts mehr vorhanden. Ich als Trailbrecher steckte oft bis zu den Hüften im Schnee. Auf den Schneeschuhen türmte sich stets ein Schneeberg, der das schwierige Gehen noch um ein Vielfaches beschwerlicher machte. Wir waren nur halb so weit gekommen, wie wir gehofft hatten, und als wir unser Nachtlager aufschlugen, tanzten die ersten Nordlichter über uns. Viele Male hatten wir schon das faszinierende Schauspiel der Aurora Borealis am nächtlichen Himmel beobachten können, die tanzenden Schleier vom durchsichtigen Gelbgrün bis zu einem kräftigen Neongrün. Dann wieder zogen sich Streifen in allen möglichen Gelbschattierungen zwischen den abertausenden Sternen über die ganze nördliche Halbkugel. Doch diesmal waren alle Farben vertreten, wie Vorhänge im Wind wehten sie rosa, rot, violett, blaugrün, grün und gelb über den Bergen. Obwohl logisch erklärbar, konnten wir uns ihrem mystischen Zauber nicht entziehen. Ständig in Bewegung änderten sie fortwährend ihre Gestalt. Was das zu bedeuten hatte, wussten wir nur zu gut – es würde kälter werden.

Links:
Die Tundra mit Blick auf die Angayucham Mountains. Auf den gegenüberliegenden Bluffs war unser liebstes Ausflugsziel.

Links:
Happyness is forty below.

Am Morgen hatten wir dann auch minus 35°C und kaum Appetit, was nicht gut war, denn wir hatten noch einen anstrengenden Weg vor uns und würden allein der Kälte wegen viel Brennstoff brauchen. Abends hatten wir unser Ziel noch immer nicht erreicht und mussten abermals im Freien übernachten. Beim Aufbau des Zeltes merkte ich dann, wie die Kälte plötzlich in meinen Fingern schmerzte. An der entzündeten Fackel konnte ich mich wärmen. Hubert wollte mir einen chemischen Handwärmer geben, ich verneinte das, hatte Angst ich würde mir die Finger verbrennen. Ich konnte einfach nicht mehr klar, nicht mehr rational denken, so sehr hatte der Wärmeverlust schon an meinem Körper gezehrt.

In Windeseile stellte Hubert das Zelt auf und packte mich in den Schlafsack, damit ich nicht noch mehr von meiner lebensnotwendigen Wärme verlieren sollte. Als Hubert dann auch endlich ins Zelt kam, hatte er beim Ausatmen – was er mir zum Glück nicht sagte – dieses bekannte »Schschsch ...« gehört, und er wusste, die Temperaturen waren unter minus 40°C gesunken. Hubert konnte die ganze Nacht nicht schlafen, denn er musste einen Weg finden, damit wir am nächsten Morgen weitermarschieren konnten. Wir campierten an einem See von Bergen umgeben und es gab keine abgestorbenen Bäume, um ein Feuer zu machen. Wir wussten zwar von einem alten Lager, das hier irgendwo unter eineinhalb Meter Schnee liegen sollte. Würden wir es finden?

Überlebt! Minus 47°C zeigte unser Thermometer am Morgen. Und wir hatten Glück, Hubert fand tatsächlich einen alten Tisch von einem Indianer, Inuit oder Trapper gemacht, egal – trockenes Holz. Wir konnten ein Feuer machen, unsere steinhart gefrorenen Gummischuhe auftauen und unsere klamm gewordenen Finger wärmen, während wir zusammenpackten. Langsam kamen wir nur voran, wir waren schon ziemlich kraftlos, konnten kaum essen und uns war kalt, obwohl wir ständig in Bewegung

waren. Zu guter Letzt blies uns noch ein eiskalter Wind von den Bergen herab ins Gesicht. Vorausschauend hatte ich aus alten Wollsocken einen Gesichtsschutz gemacht, der jetzt zum Einsatz kam. Als auch noch Nebel einfiel und die Dämmerung immer mehr und mehr voran schritt, waren wir schon ganz mutlos. Wir wussten beide, noch so eine Nacht im Zelt würden wir nicht überleben. – Keine Minute zu früh erreichten wir die Hütte. Denn die Temperaturen blieben eine ganze Woche lang bei minus 50°C.

DER FRÜHLING KOMMT

Mit den kalten Morgentemperaturen und der tief ver-schneiten Landschaft zeigte uns der Winter noch seine Strenge. Aber tagsüber kletterte die Quecksilbersäule schon sehr nahe an die 0°C Grenze heran und die Kraft der Sonne war unübersehbar. An Nord- und Südseite unserer Hütte wuchsen immer mehr Eiszapfen vom Dach, jeden Tag wurden sie länger und schillerten in verschie-denen Nuancen von fast weiß, über gelb, orange bis ocker und orangebraun. Der Sodabdeckung hatten wir unsere »bunten« Eiszapfen zu verdanken.

Die ersten zaghaften Vogelstimmen waren aus dem Wald zu vernehmen und unser alter Freund Marty, der

Ganz links:
An die 50 Bäume mussten wir fällen, entästen, entrin-den und zum so genannten Baumplatz bringen.

Links:
Ja, und wie funktioniert der finale Verdauungsakt bei minus 40°C und noch tieferen Temperaturen? Schnelligkeit ist alles, denn abgefroren ist bald etwas!

Marder kam wieder zu Besuch. Im gegenüberliegenden Birkenwald hatte ein Eulenpaar sein Nest eingerichtet und wir konnten beobachten, wie das Männchen zuerst das brütende Weibchen und später die Jungen mit »Mäu-semahlzeiten« versorgte. Die Natur erwachte zu neuem Leben und wir mit ihr.

»... um herauszufinden, ob ich lernen könnte, was es mich lehren mag.«

(HENRY DAVID THOREAU)

109

Rechts:
Auch die Reise großer Flüsse beginnt in einer kleinen Quelle oder einem unscheinbaren Rinnsal zwischen Moospolstern irgendwo in einem Einschnitt in den Bergen.

Links:
**Fast vergessene Spuren der
Goldrausch- und Trapperzeit.
Nun bei schlechtem Wetter
ein willkommener Unter-
schlupf am Nation Bluff
im Charley Rivers National
Preserve.**

Wer in die Stille der Wälder eintaucht und sich der weiten, unberührten Landschaft des Nordens hingibt, der vergisst nicht nur Raum und Zeit, sondern auch sich selbst.

»Boris«, die Northern Hawk Owl, hat ein Weibchen gefunden und eine Familie gegründet.

Durch die Überlieferung von Generation zu Generation überqueren die Karibus auf ihrer Wanderung Gebirge immer über die gleichen Pässe und Flüsse an denselben Stellen.

114

Oft wünschten wir uns, Adler zu sein. Wie sie in kürzester Zeit Täler erreichen zu können, die uns Menschen vielleicht für immer verborgen bleiben.

Unser Schlingendieb besuchte uns auch im Sommer. Die gestohlenen Hasen hatten ihn anscheinend gut über den Winter gebracht.

DALTON HIGHWAY

Rechts:
Der Dalton Highway – 414 Meilen Schotterpiste durch die Wildnis Alaskas.

Es war ein Monsterprojekt. Geld spielte keine Rolle, Zeit war der springende Punkt. Nicht nur die Größe des Projektes, auch das Gelände und die Wetterbedingungen waren extrem. Die Ingenieure hatten Permafrost, Erdbeben und den unbeugsamen Verlauf des Yukon River zu bewältigen. Der Dalton Highway, das Trans-Alaska Pipeline System und das Prudhoe-Bay-Ölfeld wurden in nur sieben Jahren fertig gestellt und die früher weit abgelegene Arktis hatte sich für immer verändert.

Entlang des Weges ergeben sich unvergleichbare Eindrücke, die zu unvergesslichen Erinnerungen werden.

HAUL ROAD

Jahrelang und manchmal heute noch wird der Dalton Highway schlichtweg »Haul Road«, Transportweg, genannt. Einfach alles, was für die Erschließung des Ölvorkommens notwendig war, wurde mit schweren Zugmaschinen auf dieser Straße transportiert. Auch in der Gegenwart begegnen wir vielen Trucks mit schwerer Fracht.

Trucks haben immer Vorrang. Die Geschwindigkeit reduzieren und sich nahe des Straßenrandes zu halten, ist die beste Vorbeugung gegen kaputte Windschutzscheiben und Scheinwerfergläser.

Straßen- und Pipelinearbeiter erinnern sich an die Härte des Jobs: lange Stunden in der Kälte oder im Staub, Hemden schwarz von Stechmücken und erschöpfende Arbeit über Monate hinweg. Sie erinnern sich an die Wochen der Mitternachtssonne und der Polarnacht, an das schimmernde Nordlicht am Himmel und kilometerlange Birkenwälder in lodernden Herbstfarben. Wir haben unsere eigenen Erinnerungen.

Neben der atemberaubenden Landschaft gibt es einige von Menschenhand geschaffene »Sehenswürdigkeiten« entlang der Straße zu bestaunen. Außer der Pipeline ist die riesige, eine halbe Meile lange Brücke, die sich über den mächtigen Yukon River spannt, zu erwähnen. Erbaut während des Winters 1974/75 vom Fluss aus, zuerst mit Hilfe von Lastkähnen, später von der zugefrorenen Eisdecke aus. Einige Arbeiten mussten sogar direkt im Flussbett, innerhalb wasserdichter Schächte vollbracht werden.

Wir sind unterwegs in den Norden, diesmal auf der Suche nach den fantastischen Schattierungen der Herbstfärbung. Hier am Finger Mountain genießen wir den Panoramablick über das großflächige Tal. Finger Rock ist eine der vielen Felsformationen in diesem Gebiet und galt, da südwärts nach Fairbanks zeigend, als ein Orientierungspunkt für die frühe Fliegerei. Noch ist es uns hier zu grün, doch schon bald erreichen wir den Arctic Circle, den Polarkreis. Vereinzelt beginnt sich ein Hauch von Gelb und hellem Orange in die Farbe des Sommers zu mischen.

BROOKS RANGE

Die Orte Coldfoot, Wiseman und Nolan stammen noch aus der Zeit als hier im Koyukuk River und in den umliegenden Bergen nach Gold gesucht wurde. Wiseman ist eine der wenigen »weißen« Siedlungen nördlich des Yukon Flusses und die am weitesten im Norden gelegene Niederlassung aus Goldrauschtagen in der Brooks Range, die heute noch existiert. Coldfoot ist ein wichtiger Stopp. Wir füllen unseren Tank bis zum Rand, denn auf den nächsten 239 Meilen gibt es kein Benzin. Was heißt kein Benzin, es gibt überhaupt nichts – »no services«. Also auch die Wasserkanister füllen!

Seit Meile 0 des Dalton Highway bei Livengood hat uns Regen begleitet, deshalb ist die Schotterpiste schlammig und ein wenig rutschig. Ein bisschen wehmütig denken wir zurück an unsere erste Fahrt auf der »Haul Road«. Damals – Mitte Juli – war es heiß und selbst der Innenraum unseres Wagens mit einer dünnen Staubschicht überzogen.

Ganz oben:
Als Versorgungsstraße für die Pipeline wurde sie Jahrzehnte lang auch Haul Road genannt, weil einfach alles auf ihr transportiert wurde.

Oben Mitte:
Nach dem Atigun Pass bleibt die Straße noch für kurze Zeit in einem engen Tal, bevor sie sich durch hügelige Tundra dem Eismeer entgegenstreckt.

Oben:
Auch entlang des Richardson Highway hat man immer wieder wunderbare Einblicke in die beeindruckende Konstruktion der Trans Alaska Pipeline.

117

Rechts:
Auch Luxusgeschöpfe üben sich in Bescheidenheit und sind heilfroh bei ihrer Morgentoilette Schutz in diesem Outhouse zu finden, wenn Mitte August dichtes Schneetreiben am Finger Mountain herrscht.

Rechts:
Obwohl der Dalton beispiellos in Schuss gehalten wird, bleibt er eben nur eine Schotterpiste und wechselnde Witterungsbedingungen können ihn mal schlammig und rutschig, mal mit Furchen und Rillen versehen erscheinen lassen. Zwei Reservereifen sind somit ein Muss.

Rechts:
Home Sweet Home. Wochenlang ist unser Van Transportmittel, Behausung und Rückzugsort in einem.

Rechts:
Toralf aus Deutschland am Dalton, einer »kurzen« Etappe seiner Weltumradlung.

Während die Brooks Range näher rückt, treten die Bäume immer mehr in den Hintergrund. Die Landschaft wird alpiner mit Bergblumen und vereinzelten Blaubeersträuchern. Die Straße beginnt ihren kontinuierlichen Anstieg hinauf bis zum Atigun Pass. Der Pass selbst ist ein Wanderparadies, das wir gleich für uns entdecken. Das wichtigste Utensil dabei ist das Fernglas. Denn nur damit können wir erkennen, ob die weißen Punkte in den steilen Flanken Dallschafe oder nur Schneeflecken sind. Manches Mal kommen sie bis an den Highway heran.

Über enge Serpentinen gelangen wir auf der Rückseite des Passes wieder ins Tal. Schon bald entdecken wir einige Karibus. In der Nähe der von Gletschern geformten Seen wie Galbraith und Toolik suchen sie nach Moosen und Flechten. Die wachsamen Tiere machen es uns nicht leicht, näher zu kommen. Weil uns die Zeit knapp wurde, machten wir damals im Juli hier kehrt. Mit ein Grund waren aber auch die Stechmücken, die so zahlreich vertreten waren, dass uns schwarz vor den Augen im wahrsten Sinne des Wortes wurde. Der Aufenthalt im Freien wurde zur Qual. Permafrost ist hier überall präsent und liegt nur wenige Zentimeter unter der Oberfläche. Er hindert das Wasser am Versickern, wodurch die ausgedehnten Feuchtgebiete der Coastal Plain entstehen, die sich bis zur Küste erstrecken.

Diesmal besteht keine Gefahr, von den Moskitos in den Wahnsinn getrieben zu werden, und auch die Grizzlybärin, die mit ihren beiden Jungen in den Büschen auf der anderen Seite des Flusses nach letzten Beeren sucht, stellt keine Bedrohung für unser Camp dar. Wenn wir nun noch Moschusochsen, die sich in diesem Gebiet aufhalten sollen, zu Gesicht bekommen, wäre das eine schöne Entschädigung, denn von den Farben des Herbstes konnten wir bisher noch nichts entdecken. Jeder neue Streckenabschnitt, jeder noch so kleine Farbtupfer in Blättern und Gräsern ließ uns hoffen.

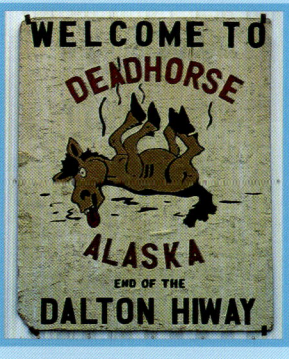

Die Nacht war wirklich kalt, könnte etwas bewirkt haben. Tatsächlich ist es am Morgen – nicht gelb, nicht orange, nicht rot – es ist weiß! Etwa fünf Zentimeter Neuschnee und wir haben den 21. August!!!

DEADHORSE

Trotzdem wollen wir nach Deadhorse, doch etwa fünf Meilen davor haben wir unsere zweite Reifenpanne und keinen Reservereifen mehr. Zum Glück kommt schon bald (nach etwa zwei Stunden) ein Truck vorbei. Larry nimmt Hubert und beide Reifen mit. Heute ist wirklich viel los auf der Straße, denn schon drei Stunden später und 40 Dollar leichter – das vierfache vom Normalpreis – ist Hubert wieder da. Deadhorse ist die Versorgungsgemeinde für die Prudhoe Bay Ölfelder, und die für den öffentlichen Verkehr zugelassene Straße endet hier. Die Hotels in Deadhorse bieten jedoch Touren zum Nördlichen Eismeer und zu den Ölfeldern an. Wer nicht an einer Tour zum Nördlichen Eismeer und zu den Ölfeldern teilnehmen will, »darf« nach einer mehr oder weniger enttäuschenden »Ortsbesichtigung« die 415 Meilen des Dalton zurückfahren.

Hat man Glück, kann man hinter einer Kurve die Funktion seiner Bremsen testen, wenn ein Moschusochse trotzig den Weg versperrt. Mit ihrem zotteligen Fell muten diese Tiere wie Lebewesen aus einer anderen Zeit an und sind natürlich heiß begehrte Fotomodelle. Hubert springt sogleich mit der Kamera aus dem Wagen, pirscht sich Schritt für Schritt an. Verdutzt und ein wenig argwöhnisch beobachtet der Ochse dies und weiß für das erste nicht, ob er sich auf Verteidigung oder Angriff einrichten soll. Noch ist keine Reaktion zu erkennen, erst als Hubert so nahe kommt, dass er ein Porträt schießen könnte, reicht es dem Moschus und er startet in Huberts Richtung durch. Wirklich oder nur zum Schein? Denn als Hubert Hals über Kopf das Weite sucht, steht der Moschusochse schon wieder so, als ob nichts gewesen wäre.

Oben:
Deadhorse, Endstation für den öffentlichen Verkehr, aber leider noch sieben Meilen vom Arktischen Ozean entfernt. Mit geführten Touren kann man die Ölfelder besuchen und das Eismeer erreichen.

Rechts:
In den Sommermonaten wimmelt es von Myriaden von Moskitos in der North Slope. Neben Mückenschutz ist Ignorieren die beste Möglichkeit, sich im Freien aufzuhalten.

Rechts:
Dreigängemenü aus der Wildnisküche: Packerlsuppe, Makkaroni and Cheese, Instant Pudding.

119

Oben:
**Bizarre und schroffe Fels-
formationen findet man auch
hier im Osten der Brooks
Range.**

Ganz rechts:
**Die leicht zu erreichende
North Slope ist im Spätsom-
mer, wenn schon die ersten
Schneefälle einsetzen können,
ein beliebtes Jagdgebiet für
Karibus.**

Rechts:
**Moschusochsen haben sich
seit der Eiszeit wenig verän-
dert und sich bestens dem
Leben in der rauen arktischen
Umgebung angepasst.**

PIPELINE

Seit zwei Tagen schneit es. Während wir im Gebiet um den Atigun auf den Schneepflug warten, um mit unseren Sommerreifen über den Pass zu kommen, wollen wir uns etwas genauer mit der Pipeline befassen, denn hier am Dalton Highway ist der »Silberwurm« immer an unserer Seite. Mit dem Bau der achthundert Meilen langen Pipeline wurde in den frühen siebziger Jahren begonnen, nachdem man in der Prudhoe Bay 1968 auf Öl gestoßen war.

Wie ein in der Sonne seidig schimmernder Faden zieht sich die Pipeline 800 Meilen durchs Land, von der Prudhoe Bay am Eismeer bis nach Valdez am Prince William Sound, wo das Öl auf Tankschiffe verladen wird. Nicht nur dichte Waldgebiete und große Erhebungen, wie zum Beispiel der Atigun Pass mit einer Höhe von etwa 1500 Meter, sondern auch 34 Haupt- und an die 800 Neben-flüsse mussten überwunden werden. Das größte Problem lag jedoch darin, einen Weg durch die gefrorene Tundra zu finden. Das Öl, das mit circa 65 bis 80°C aus dem Boden kommt, würde den Permafrostboden auftauen, die unter Grund laufende Pipeline könnte sich verschieben und brechen – ein ökologischer Schaden wäre vorpro-grammiert.

Aus diesem Grund verläuft mehr als die Hälfte über Grund. Die im Durchmesser etwa 1,20 Meter messenden Rohre sind isoliert und liegen erhöht auf speziellen Stütz-pfeilern: Jeder besteht aus zwei vertikalen Stützen in Ver-bindung mit einem Querträger. Gleitlager auf dem Quer-träger erlauben der Pipeline sich bei Ausdehnung bezie-hungsweise Zusammenziehen aufgrund von Temperatur-

Jedes Tal, jeder noch so kleine See wird auf der Suche nach Elchen sorgfältig abgegrast.

Wenn im südlichen Teil des Dalton die Weidenröschen in voller Blüte stehen, können im Norden bereits die ersten Nachtfröste über das Land ziehen.

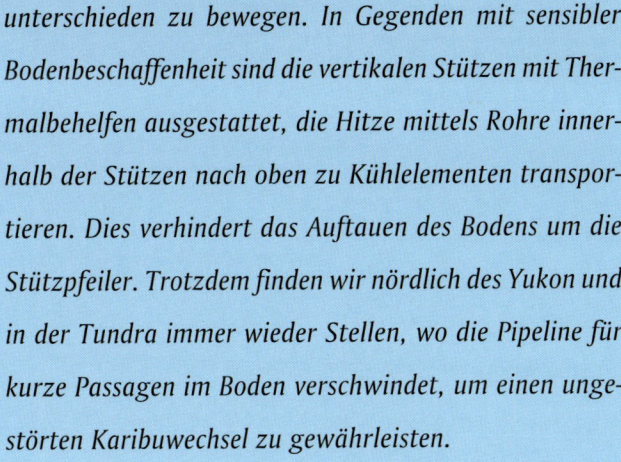

unterschieden zu bewegen. In Gegenden mit sensibler Bodenbeschaffenheit sind die vertikalen Stützen mit Thermalbehelfen ausgestattet, die Hitze mittels Rohre innerhalb der Stützen nach oben zu Kühlelementen transportieren. Dies verhindert das Auftauen des Bodens um die Stützpfeiler. Trotzdem finden wir nördlich des Yukon und in der Tundra immer wieder Stellen, wo die Pipeline für kurze Passagen im Boden verschwindet, um einen ungestörten Karibuwechsel zu gewährleisten.

Im Juni 1977 schickte man das erste Öl, vorbei an zwölf Pumpstationen, auf seine Reise durch dieses Wunderwerk der Technik. Wenn die Pipeline auf ihrer ganzen Länge vollständig gefüllt ist, fasst sie 1,2 Millionen Tonnen Öl. Mit einer Fließgeschwindigkeit von an die zehn Kilometer pro Stunde ist der nördlichste eisfreie Hafen der USA in knapp einer Woche erreicht.

Wiseman, die am weitesten nördlich in der Brooks Range liegende Siedlung aus der Goldgräberzeit, ist auf jeden Fall einen Besuch wert.

Seite 122/123:
Tagelang waren wir bei tiefen Temperaturen unterwegs. Eine bescheidene Hütte in den Weiten Alaskas. Einladend fällt sanfter Lichtschein durch das kleine Fenster und verspricht Wärme und Geborgenheit.

Nützliche Informationen

Anreise:

Die bequemste und schnellste Möglichkeit nach Alaska zu gelangen, sind die Direktflüge mit Condor. Ausgangspunkt für den Norden ist Fairbanks, für den Süden Anchorage. Wenn Zeit keine Rolle spielt, sollte man nach Seattle bzw. Vancouver fliegen und sich die Anreise mit der Fähre (http://akms.com/ferry) ab Bellingham über den »panhandle« (Südost-Alaska) gönnen.

Beförderung in Alaska:

Mietwagen in allen größeren Städten, größte und günstigste Auswahl in Anchorage. Camper sollten bereits über Anbieter in Europa gebucht werden. Busverbindung zwischen Anchorage und Fairbanks.

Besonderes Highlight: Zugreise mit den Panorama-Waggons der ARR – Alaska Railroad (www.alaskarailroad.com).

Erkundung der Inside Passage (Südost) mit den Fähren der Cruise Schiffe im Prince William Sound (http://akms.com/ferry).

Extrem gut ausgebauter Flugverkehr in die Städte und Dörfer ohne Anschluss an das Straßennetz und eine Menge Anbieter für Flüge in die Wildnis.

Ausrüstung:

Aufgrund von Klima und nördlicher Lage werden an die Ausrüstung hohe Ansprüche gestellt. Wir haben die besten Erfahrungen vor Ort gemacht. In Anchorage wie auch in Fairbanks bekommt man nicht nur fachliche Beratung, sondern auch fachgerechte Ausrüstung für jede Outdooraktivität, z.B. REI und 6th Avenue Outfitters in Anchorage, Procpetors in Fairbanks.

Plant man einen Trip in die Wildnis oder stellt Zweckmäßigkeit vor modische Aspekte, sollte man unbedingt beim Army Surplus oder bei GI Joes in Anchorage vorbeischauen.

Angelausrüstung bekommt man natürlich in Sport- und Angelgeschäften, aber auch Supermärkte wie Fred Meyer haben eine große Auswahl zu bieten. Dazu erhält man gleich die in Alaska unbedingt notwendige und recht günstige Anglerlizenz.

Vorbereitung und Planung:

Alaska bietet jede Art von Naturerlebnis. Von geführten Touren, über Aufenthalte in luxuriösen Lodges hin bis zu einsamen Camps an entlegenen Seen. Je nachdem wofür man sich entscheidet, können an Kondition und Psyche hohe Ansprüche gestellt werden, deshalb ist gute Planung unablässig, besonders wenn man sich für einen Aufenthalt im Winter entscheidet.

Infos bietet z.B. http://www.travelalaska.com

Vor Ort bieten die Visitor Center kompetente Informationen zu lokalen Attraktionen und Veranstaltungen, Übernachtungsmöglichkeiten und Spezialitäten der Region. Die Fülle der sehr ansprechend gestalteten Broschüren beinhaltet neben einem nützlichen Teil meist Wissenswertes aus der Geschichte des Landes sowie über Persönlichkeiten des Gebietes.

Aufschlussreiche Informationen zu den verschiedenen Regionen bieten die Public Lands Management Info Center: www.nps.gov/aplic/german. Hier bekommt man auch genaue Detailkarten von ganz Alaska.

TIPP: Beste Info, egal ob Sightseeing oder Wildnistrip und zugleich gute Übernachtungsmöglichkeit in Fairbanks: www.gonorthalaska.com (sprechen auch deutsch)

Aurora Borealis, das Nordlicht. Obwohl logisch erklärbar, kann sich niemand dem mystischen Zauber dieses Naturschauspiels entziehen. Als ob Geister am Himmel tanzen…

Klima/Wetter:

Aufgrund der Größe hat Alaska Anteil an drei Klimazonen: Seeklima, Landklima und arktisches Klima.

Seeklima herrscht auf den Aleuten, in der Golfregion Zentral-Alaskas und in Südost-Alaska und ist gekennzeichnet durch kühle Sommer. Als Entschädigung dafür fällt das Thermometer im Winter nur wenig unter Null. Der häufige Niederschlag ist das besondere Merkmal des Seeklimas, zum Glück der Urlauber sind die Sommermonate Mai bis Juli jedoch die trockensten.

Im größten Teil Alaskas haben wir Landklima. Charakteristisch dafür sind extreme Temperaturschwankungen zwischen den Jahreszeiten. Drei bis vier Monate ebenso tiefe Temperaturen wie in der Arktis sind nicht selten. Die Sommer dagegen sind manchmal sehr heiß. Um der hochsommerlichen Hitze auszuweichen, kann man am Tag schlafen und Wander-, Paddel- oder auch Autotouren in der Nacht unternehmen. Nach 20 Stunden Sonnenschein bringt auch die Nacht während des Sommers nur die Andeutung einer Dämmerung.

Das arktische Klima nördlich der Brooks Range zeichnet sich durch extrem kalte Winter, kalte Sommer und geringe Niederschläge aus. Barrow, die nördlichste Stadt Alaskas, verzeichnet neun Monate im Jahr Temperaturen unter dem Gefrierpunkt, bei einer Durchschnittstemperatur von minus 26 °C von Dezember bis März. Es herrscht für 51 Tage Polarnacht. Vom 10. Mai bis 2. August hingegen geht die Sonne nicht unter. Dennoch sind die Juli-Temperaturen nicht höher als vier bis fünf °C.

Literatur:

Spannende Abenteuer, Wissenswertes über Blockhausleben und Überwinterung in der Brooks Range.

»Ausstieg in die Wildnis – 1 1/2 Jahre Abenteuer in Alaska« Doris und Hubert Neubauer, Taschenbuch mit s/w Bildern, zu bestellen unter: info@hubert-neubauer.com

Die Autoren empfehlen:

»Nördlich der Sonne« Fred Hattfield, Oesch Verlag, ISBN 3-0350-2007-8

»Der lange Winter am Ende der Welt« Julie Harris, Malik Verlag, ISBN 3-89029-176-7

Mücken/Moskitos:

Es gibt über 25 Arten von Steckmücken, die zwischen April und September an manchen Stellen in dichten Schwärmen auftreten können. Besonders feuchte Tundra – Gebiete wie z.B. die North Slope – Sumpfgebiete und dichtes Gestrüpp sind ihre Lieblings-Aufenthaltsorte. Auf Seen und am Fluss bleibt man durch die leichte Brise meist verschont. Camps deshalb immer auf offenen, wenig windgeschützten Stellen und nicht in der Nähe von seichten Tümpeln einrichten.

Mückenmittel in ausreichenden Mengen und Moskitonetze schaffen Abhilfe (am besten vor Ort kaufen). Nicht zu eng anliegende Kleidung mit langen Ärmeln ist zu empfehlen. Die kleinste Art, die Noseeums, sind so winzig, dass sie fast durch jede Ritze passen. Nach den ersten Nachtfrösten ab etwa Mitte August lässt die Plage spürbar nach.

Veranstalter:

Touren aller Art werden von zahlreichen Reiseveranstaltern nach und in Alaska angeboten, Natur erleben und Abenteuercharakter spielen dabei eine große Rolle.

Tipp: Wir selbst bieten als Abenteuererprobte und Wildniserfahrene individuell zusammengestellte Trekking-, Kanu- und Fototouren ab 6 Personen an:

Info unter www.hubert-neubauer.com

Übernachtungsmöglichkeit in Fairbanks, Sightseeing-, Kanu-, Trekkingtouren:

Info unter www.gonorthalaska.com

Der Mensch wird in diesem harten und rauen Land immer nur Gast sein. Nur wer bereit ist, die Regeln der Natur zu befolgen, wird auch von ihr geduldet werden.

Impressum

Buchgestaltung:
www.hoyerdesign.de

Karte:
Fischer Kartografie, Aichach

Alle Rechte vorbehalten

Printed in Germany
Repro: Artilitho snc, Lavis-Trento, Italien, www.artilitho.com
Druck und Verarbeitung: Offizin Andersen Nexö, Leipzig
© 2011 Verlagshaus Würzburg GmbH & Co. KG
© Fotos: Hubert Neubauer

ISBN 978-3-8003-1655-7

Unser gesamtes Programm
finden Sie unter:
www.verlagshaus.com

Der Abenteuer-Reise-Fotojournalist **Hubert Neubauer** gehört zu den bekanntesten und erfolgreichsten Diashowproduzenten Österreichs. Er hat mehrfache Erfolge bei internationalen Fotowettbewerben und zahlreiche Veröffentlichungen in Büchern, Kalendern und Magazinen vorzuweisen.

Doris Neubauer ist meist zusammen mit Hubert unterwegs auf abenteuerlichen Wegen fernab menschlicher Zivilisation, um so die Schönheit unserer Erde fotografisch festzuhalten. Mittels einfühlsamen Texten und Geschichten versteht sie es, die Bilder und Abenteuer zu neuem Leben zu erwecken.

Unser Ziel ist es, uns langsam der Natur anzupassen, von dieser akzeptiert zu werden, um so ihre Schönheit zu entdecken. Wir sind aber nicht nur als Naturfotografen unterwegs, sondern versuchen auch, die Menschen, die in diesem Land leben, kennen zu lernen und deren Kultur zu verstehen. Frei nach unserer Lebensphilosophie »Träume sind zum Leben da!«
Mehr Informationen unter: www.hubert-neubauer.com

Dank: Die Autoren möchten sich bei folgenden Firmen für ihre Unterstützung bedanken: Klepper – das zuverlässigste Faltkajak am Markt www.klepper.de, Charinthia sleepingbags www.carinthia-bags.com, Löffler – funktionelle Sportmode www.loeffler.at, Varta – die Batterieexperten www.varta.at